讚美操

讓愛飛揚

吳美雲——口述

魏棻卿——撰述

謹以本書獻給神
及所有一路上陪伴我的
全世界讚美操家人們

吳美雲

Content

PART 2 望：福音盼望，用讚美操走入人群

PART 3 愛：神愛世人，我們是神國一家人

推薦序

讚美操是華人教會傳福音的重要工具

王祖祥牧師
馬來西亞森美蘭州區讚美操顧問
馬來西亞福音聯誼會中文主席

吳美雲（老師）在世界華人教會中可謂家喻戶曉。從二〇〇三年起，她積極推動全民跳操運動，創立了廣為人知的「讚美操」。

本書記錄了吳老師精彩的生命歷程，包括她的成長、婚姻、家庭和事奉。她的故事貫穿了從童年到成年，從台灣到美國，從單身到婚姻，從幼教到老教，從個人到神國度的服事，以及從簡單作曲到開創享譽全球的讚美操。

我感恩能在二〇一八年馬來西亞芙蓉的國際讚美操二十周年紀念慶典上結識吳老師。她是一位和藹可親、滿臉笑容的長輩。雖然她本可以選擇退休、享受生活，但在七十歲時，她毅然開始了讚美操的旅程，背負著主的大使命，致力於在全球華人聚集的地方開展讚美操事工。

吳老師善用上帝賜予的恩賜，將手中的五餅二魚毫無保留地奉獻給主。如今，讚美操已成為華人教會傳福音的重要工具。在過去二十多年裡，她接觸了成千上萬的非基督徒，其中不少人因此歸主。

讚美操不僅為教會提供了新的傳福音策略，更促進了地方教會的合一。其獨特之處在於，既能操又能舞；既能聆聽動人的詩歌，又能傳福音。這無疑是華人教會中最具特色的福音策略。

吳老師是我們華人教會的瑰寶與傳奇人物。對我而言，她是全球最具影響力的基督徒女性，因為她帶動了全球華人教會邁向傳福音的崇高使命。

在此，我代表海外的教會牧者及領袖，向吳老師表達誠摯的謝意，感謝您將這美好的讚美操帶給我們。如果您想了解國際讚美操的故事和起源，非此書不可。我強烈推薦《讚美操，讓愛飛揚》，它必將激勵和啟發您在人生的下半場為主打美好的仗，並為我們的下一代留下美好的屬靈遺產。

願吳老師的日子如何，她的力量也必如何。

推薦序

跳出健康、跳出敬虔，跳出得勝！

張茂松
基督教新店行道會創會牧師

吳美雲老師，一個讓人敬愛的老姐妹。

當她七十歲，已經退休了，已經可以告老還鄉了，已經可以快樂地享受人生的時候，因著一份熱情催促她開始了「讚美操」的服事。這一開始就不能停，一支曲子又一支曲子地寫出來，創作的泉源如同活水一般湧出來；一支又一支的晨操舞曲推出，二十年的時間，在台灣，馬來西亞，美國，中國大陸……各個公園、運動場、社區廣場，成群的百姓，一起在頌讚上帝的歌聲及舞蹈中開始他們一天的生活。吳老師推動了華人世界中最大的福音工作，在每天的敬拜中，幫助許多人身體健康，也改變了許多人的屬靈生命。

二十年過去了，吳老師已經九十歲了，她仍然熱情不減，持續她的服事。祝福「讚美操」繼續地跳下去，跳出健康的一天，跳出敬虔的一天，跳出得勝的一天！

推薦序

「不要緊，跳錯了，笑一笑就好！」

陳歐陽桂芬女士
讚美操基金會香港分會董事會主席

你們是世上的光。城造在山上是不能隱藏的。人點燈，不放在斗底下，是放在燈臺上，就照亮一家的人。（《馬太福音》5:14-15）

在吳美雲老師信、望、愛的生命旅程中，在每一個時段都發出生命的光輝，不但照亮當時的幼兒教育群體，也照亮今日讚美操的家人們。我深信這鍥而不捨、勇往直前的生命光輝，也必照亮將來在世界各地的讚美操家人們。

細讀吳美雲老師的大作，深感聖經上的說話：「神為愛祂的人所預備的是眼睛未曾看見，耳朵未曾聽見，人心也未曾想到的。」(《哥林多前書》2:9）吳老師所經歷的每一個時段，與家人的彼此關愛、幼兒教育的展開、婚姻關係的預備、讚美操的擴展……；我們看見神不斷為祂所愛的吳老師，預備了不同的人一同來參與；這不但是蒙神喜愛的印證，這也是生命光輝的吸引。

我鼓勵世界各地的讚美操家人們，一齊來細讀、細看這生命光輝的記載，也好好記下吳老師的鼓勵句語：「不要緊，跳錯了，笑一笑就好！」我們既然有一位滿有恩賜、充滿生命動力、堅守上帝使命的讚美操媽媽，就當努力學習，緊記吳老師的教導，在詩歌、頌詞、靈歌的孕育中，必能成為傳福音的貴重器皿，把讚美操的使命傳揚至普天下去！感謝神！

願神大大賜福讚美操國際事工的各地家人們，滿有喜樂平安，身體健康，神彩飛揚，主恩滿溢！

推薦序

讚美操：信仰與運動的美好結合

曾國生先生
好消息電視台 GOOD TV 創辦人暨執行長
台灣全福會會長／中華民國眼鏡發展協會創會會長

在這個快速變化的時代，健康的身心靈愈加重要。吳美雲老師所推廣的讚美操，不僅是一種運動，更希望讓更多人透過運動來感受上帝的愛。這項結合了信仰、運動與社群的創新事工，深刻體現了基督信仰中的「信望愛」理念，更是傳福音重要的平台。

讚美操的創始人吳美雲老師在美國的生活經歷，啟發了她回台灣推廣這項運動，旨在提升每個人的身心靈健康。這種結合不僅讓參與者在運動中強健身體，更讓他們在每一個動作中感受到神的同在，靈魂得到滋養。因此讚美操在台灣及國際間迅速發展，吸引了大量參與者，使參與者在運動中不斷感受到神的愛與祝福。

祝福讚美操基金會持續將這份健康與愛的理念，擴展至更多國家，讓更多人透過讚美操接觸到基督信仰，提升身心靈的健康，並在神的愛中找到真正的平安與喜樂。

讓我們一起加入讚美操的行列，透過每一次的運動，讚美主的名，讓愛飛揚！

推薦序

凡有氣息的
都要讚美耶和華

鄭忠信先生
基督教論壇基金會執行長
亞洲論壇影響力中心執行長

英文諺語說："There is no shortcut to success."（成功無捷徑）世人僅看到讚美操可以推廣的這麼成功，背後絕不是沒有原因的，這位有著一頭優雅銀髮美女的身影：

順服、看別人比自己強 —— 面對美國知名學校畢業指揮認為吳老師寫的歌沒有內涵，不願指揮一事，吳老師沒有因此放棄，反而存謙卑的心繼續順服神的帶領。吳老師曾說最難的不是創作本身，而是不斷不斷地與人溝通協調，即使有一天尊嚴都要失去，或被信任委身奉獻的教會除名，憤怒心痛到看不清前方的路，「以基督的心為心」（第五集第八首）成為吳老師一路上自我打氣最強大力量。

喜樂、溫柔 —— 每一次看到吳老師永遠是神采奕奕，渾身散發優雅、柔和及親和力，這就是吳老師的魅力所在。跟過吳老師一起跳讚美操的人，一定常聽到這句：「不要緊，跳錯了，笑一笑就好！」人生已經夠辛苦了，何必再對人、對事、對自己，有那麼多過不去呢！無論遇到再大的風雨都「不要失去你的微笑」（第九集第五首）。

膽識、勇氣 —— 從一開始不知道如何著手，就在吳老師對著鏡子做著體操的動作，神給她《詩篇》139篇：「我若展開清晨的翅膀飛到海極居住……」，從鄰家公園出發，搭著小黃向全台邁進，室內室外拍攝，從龍江路到蘆洲總部，從香港到世界各地，二〇〇九年高雄舉辦「世界運動會」她率領百人讚美操團隊登台演出，神設立的讚美操，被全台灣乃至被全世界看見了！「我要向山舉目」(第七集第二首)。吳老師就是不斷追求成長願意被神擴張。

智慧 —— 為什麼神的計畫特別能在吳老師身上得到彰顯，關鍵就是那一顆「願意的心」。吳老師珍惜上帝的揀選，認為這是神給她的機會，依靠神通過苦難的考驗，面對每一個困難也都靠主得勝。「數算自己的日子」（第五集第四首）縱然即將九十歲高齡，仍然勉勵自己接下來能走多遠就做多少，不要虛度光陰，白佔資源。

一個出生彰化的小女子，一個曾經被老師拒絕讓她上台的小朋友，在神學院被自我否定感打擊，幾乎要放棄人生的人，也曾經是叱咤台灣幼教界被稱為「幼兒音樂之母」的人，如何在七十歲被神呼召推動讚美操？為什麼他／她會願意每天花時間到某一個地方，跟一群人跳讚美操？

吳老師一生的故事是一個全然燒在祭壇上的故事。

曾經有在南部的姊妹，不知道要怎麼讓她的母親信主，我說帶她去跳讚美操就對了！也曾聽過澳、美的弟兄姊妹聊天中提到，家中年長的爸爸媽媽們最喜歡、最快樂的時光，就是去跳讚美操的時間。希望這本書激勵您更加愛主、愛人、服事神的熱忱。

很榮幸承蒙吳老師邀請寫推薦序，願吳老師的一生感動你，對服事神完全改觀，活出神在您身上的命定。也祝福讚美操的事工大大被神使用——「認識耶和華的知識要充滿遍地，好像水充滿洋海一般。」、「凡有氣息的都要讚美耶和華！」

推薦序

要到普天下傳福音

謝禧明牧師
讚美操福音中心牧師

聽到吳美雲老師完成讚美操第十集創作專輯錄影，心中為她充滿無限的感恩與祝福。上帝讓吳美雲老師在近九十歲高齡的時候完成上帝託付她藉著讚美操傳福音的使命，使參與讚美操運動的千、萬人領受祝福，引領許多人靈魂得救，使上帝藉著讚美操所撒的福音種子得到豐收，上帝要親自將豐收的果子儲藏在上帝所預備的倉庫。

我有幸在吳美雲老師讚美操開創的早期參與讚美操的關懷事工，明白、洞察到吳美雲老師不但領受來自上天的智慧和異象，更以信心、勇氣與毅力，循著上帝定意的方向和目標，培養許多的種子領袖，成為有力推廣讚美操的運動，順著點、線、面的策略有序的推廣到世界各地。最重要的是吳美雲老師能抓住上帝的應許，以榮耀上帝為焦點、成為帳篷堅固的支柱，使帳棚豎立在所踏之地。

吳美雲老師學習了主耶穌道成肉身的精神，倒空自己，一心願意為成全上帝的心意全然奉獻自己，這是值得所有傳福音的使者所要學習的精神和心態。吳美雲老師為主做了完全的犧牲，因為她知道這樣做，上帝將以意想不到的祝福賜給她。

目前讚美操已擴展到台灣全國各角落，甚至到美加、東南亞（馬來西亞、新加坡、印尼、中國大陸），及至世界各地，遍地開花，這正是符合上帝的心意，正如耶穌基督所吩咐的，「要到普天下傳福音」。

吳美雲老師及讚美操可以說是在上帝國度裡的「奇葩」。藉著讚美操開創了福音廣傳的意境，成為「無牆的教會」。我們看見參與讚美操的團員，不分教派，甚至非基督徒都願意來接近學習，而且都以「主禱文」為結束，宣告上帝的國降臨。主禱文已成為讚美操的「靈魂曲」及上帝國度的宣告。

讚美操以建造「身、心、靈」健康的目標，接近並滿足每一個人的心靈的需要，提供了上帝所要賜福給的生活方式（SOP），正如《約翰三書》2節說：「我願你凡事興盛，身體健壯，正如你的靈魂興盛一樣。」我相信吳美雲老師及讚美操將成為一道「祝福的河流」，無論流向何處，都使人領受祝福。

吳美雲老師自傳的出版，不是為標榜吳美雲老師個人的成就，乃是要讚美操大家庭的每一分子，記住追隨吳美雲老師為讚美操奉獻犧牲的精神，不使讚美操在吳美雲老師身上劃下句點，追隨吳美雲老師撒下一粒麥子的願望，結出更多的果子，使讚美操能夠永續發展。

我也感受到我生涯中能成為讚美操的一分子為傲，同時感謝吳美雲老師藉著讚美操給我機會一起服事，讓我在生涯中留下最美好的回憶。謹此撰述以表內心的感謝。

楔子

「咚，哈！」

「咚咚，厚嘿！」

「咚咚咚咚……」

「咚咚咚，哈！」

「咚咚咚咚咚咚咚咚……」

二〇二三年十月十八日，佔地五百坪的台灣雲林體育館裡，氣勢磅礡的太鼓聲，隨著上百支鼓棒在空中揮舞，此起彼落、震天價響，為讚美操的二十週年慶典正式揭開序幕。

象徵讚美操精神的會旗，在舞台上飄揚；舞台正後方，一塊藍天白雲和十字架為底的看板，寫著「但願頌讚、尊貴、榮耀、權勢，都歸給坐寶座的和羔羊，直到永永遠遠！」

台下超過二千名來自海內外的讚美操學員，一起見證這個高舉神的榮耀時刻！

我的人生下半場和讚美操劃上等號。這一路來的苦樂酸甜，我是感謝及點滴在心頭⋯⋯

讚美操不僅是上帝賦予我的恩膏及使命，也如同我的命；為了推廣讚美操，我有如赴湯蹈火，乃至於奉獻所有家產。過程中曾遭遇許多重大挫折，印象最深刻的一次，我像個遍體鱗傷的孩子，躺在地上哭鬧打滾，痛徹心扉地向神哭喊說：「我不要做了！我不要做了！」

感謝主！祂還是一步步引領我穿越絕望低谷，使我可以在讚美操二十週年慶的這一天，召集熱愛讚美操的海內外學員們，再次高舉十字架，公開讚揚神的名！

❦

感謝神用音樂和舞蹈療癒了我童年的痛。曾經，我是一個只能站在台下、淚眼汪汪看著台上同學表演的傷心孩子⋯⋯

PART 1

信

相信上帝，改寫人生新腳本

01

序幕：南投的偏鄉歲月

事情是發生在我小學一年級的時候。那一刻至今仍深深地在腦海裡，既無助又羞辱和悲傷的感受也依舊鮮明！

小學運動會當天，班上五十幾位小朋友列隊上台表演，我開心雀躍地想要一起上台時，老師突然手一伸擋下了我，說：「吳美雲，妳不能上台。」我還來不及反應，老師又補了一句：「因為妳不會（跳）！」一旁還傳來其他小朋友的嘲笑聲。

那個時刻，眼淚不爭氣地立刻從我臉上滾下來。 即使已經白髮蒼蒼，每每想起來還是會對當時那個幼小無助的自己，感到心疼。成長後，從社會現實的角度來看，多少明白為什麼那位小學老師會對我差別待遇。

其實，不只老師，連班上同學都排擠我，因為大家知道我家裡窮。當時裹小腳的阿母（血緣上的阿姨），每天顫顫巍巍地揹我上學的畫面，在他們看來是突兀滑稽、被當成笑柄。

在學校被同學排擠、被老師放棄；回到家，偽單親的阿母也教不了功課，學校成績自然是慘不忍睹。那段寄人籬下的偏鄉歲月，我完全沒有學習動機。我不知道為什麼要學習？也不知道要如何學習？

會說是寄人籬下，是因為我出生時排行在前面的姊姊才一歲，阿姨看我媽媽照顧不來，加上她沒生孩子，便將我抱回去養。一歲多開始會講話時，我就叫阿姨「阿母」，和她一起住在南投鄉下的一間磚造四合院。那是姨丈的老家（姨丈長年不回家），住著他的父母和兄弟，所以只有一間兩坪左右的房間，供我們母女和一個領養來的哥哥同住，阿母是靠家庭裁縫維生的。

鄉下無電力設備，到了晚上只能點蠟燭，燭光範圍有限，一踏出家門隨即被黑暗籠罩。我還記得有次只是走到庭院倒洗腳水，就被晃動的黑影嚇得馬上衝回屋裡。

平日與姨丈家人的互動不多，現在能想起的一些片段，就是過年時聞到香噴噴的粿，貪嘴的我總會不時跑去問大人「粿做好了嗎？」，以及阿嬤偶爾會叫我跟她一起睡。不過，即使有再多的互動，大概我的小腦袋瓜也記不得，因為當時心心念念的都是遠在彰化的爸媽及手足，想著什麼時候我才可以搬回去跟他們住在一起。

爸爸和媽媽偶爾會帶姊妹和弟弟們到南投來看我。每當分離時刻一到，我的眼淚就會稀哩嘩啦掉不停。我真的好希望和他們一起回家，也好想每天跟手足們一起玩耍。

有次，弟弟的一雙木屐忘了帶走，我每天看每天哭，有時是默默掉淚，有時則是聲嘶力竭地哭，對阿母大喊說：「我要回彰化！不要住在這邊！」來來回回了幾次，阿母的情緒終於潰堤，哭著反問我：「難道我不夠疼妳嗎？」最後，我們母女倆哭成了一團。

這種親情拉扯的場面不只發生在南投的家。偶爾阿母帶我到彰化的家，回程在車站等火車時，我也是哭得死去活來，說什麼就是不願意上車，有一次阿母還氣得對我說：「妳這樣子，人家會以為我是對妳多不好！」我理解阿母的無奈，但我也很辛苦、很無助啊！

如此折騰了好幾年，我以為回歸原生家無望了，就在我讀小學二年級時突然有了轉機。當時的轉折是，有次爸爸攜家來南投，看到我的皮膚被蚊子叮到長瘡，學校成績一塌糊塗，擔心這樣子下去我真的會變成野孩子，便決定要將我帶回彰化。

我的原生家庭位於彰化縣花壇鄉的三家村。 爸爸是台中師專第一屆畢業，也是花壇國小的家長會長；媽媽安靜不多話，對我們的照顧則是無微不至。

我想證明自己值得被留下來吧，加上在學校被冠上「家長會長的小孩」的光環，我變得非常用功，才轉到花壇國小三個月，成績就衝到班上第一名。事後想來，我發現自己是一個很需要被栽培和鼓勵的小孩。而且只要放對了環境，我就能把內在的自卑感，透過努力轉換成自我超越的動力。

有人稱那是好勝，但我認為更像是一種「志氣」。正因為有股不想被人看扁的志氣，才能讓我在六十八歲開始推動讚美操時，即使面對汙衊、羞辱、背叛，還是能咬著牙繼續走下去。

有時回想起童年處境，今昔對比，自己也會覺得很不可思議。誰能想像得到，當初那個只能站在台下哭泣的小女孩，在中年時會被稱為「幼兒音樂之母」；在晚年時將神引導創立的「讚美操」推展至全世界二十多個國家。

在這裡也勉勵大家，即使被別人輕看，我們也千萬不要看輕自己。只要懂得為自己找到對的環境，如同種子被放到合適的土壤，生命可以開枝散葉、越發茁壯！

02

回到彰化溫暖的家

回到彰化，我的學習很快就上軌道，反倒是跟阿母的分離讓我特別辛苦。當時常常上演的矛盾情景是：住在南投家，我會哭著想回彰化；到了彰化家住，又因為想念南投的阿母而哭泣。不明所以的大人們常被我搞得一頭霧水。

從小就由南投阿母照顧，在情感上我是比較傾向南投的，但理智上又很羨慕姊姊和弟弟妹妹們過的生活，也想要擁有爸媽的愛。剛回到彰化家時，每到吃飯時間大家都圍到餐桌邊，我反而會獨自躲在角落吃土豆，給人感覺像是家裡的童養媳，短時間內還無法打開心房融入他們當中。

說到這裡，真的要感謝爸媽和手足們的耐心及持續釋出的善意，才能讓我們之間的關係逐漸拉近、修復疏離的親情。每當我又退縮到角落、自憐自艾時，總會有姊妹注意到，主動拉我去餐桌。看似普通的舉動對我卻代表著接納，也幫助我更快卸下不安的心防。一起上學時，姊妹們也會因為我的嬌小而爭相幫我揹書包，回家還會細心幫我削鉛筆，這些手足情深的點點滴滴，我全都看在眼裡，也記在心裡。

至於爸媽，雖然嘴巴上沒特別說過什麼，卻時常把愛展露在日常生活中。妹妹素雲就記得，那年代的孩子普遍沒鞋穿，有一年小學遠足，爸爸大概是怕我們赤腳走太遠會受傷，事先把他的一雙軍靴拿去鞋店改成兩雙皮鞋，一雙給我、一雙給妹妹。

遠足當天，我們開心地揹著媽媽準備的點心，穿著爸爸為我們「訂製」的皮鞋走到學校去，果然換來許多小朋友的讚嘆和圍觀，讓我們好得意！只不過開心歸開心，跟著班上的遠足隊伍走了半天的路，腳趾頭頂著硬梆梆的皮鞋，最後反而讓我們痛得哀哀叫，只好把左右腳的鞋帶綁一綁，改揹在肩上，回程時照樣赤腳走路，跟其他小朋友一樣。

另外，爸爸是家長會長，多少也讓我們享有一些明星光環。每逢學校有什麼大型活動，舞台上總是少不了我們這個「小小女團」的表演身影，加上我會唱歌，有時還會被安排獨唱！

爸爸在中壢一家公司上班，常拿一些免費布料回家，讓心精手巧的媽媽裁縫成一件件小洋裝。在物質不豐的年代，這一點常常讓同學們羨慕不已。而且媽媽縫製的小洋裝，總是很體面，非常吸引目光。

與爸媽比較深刻的情感互動，還是在上了國中之後。

小學畢業，我如願考上位於彰化市的彰化女中、展開通勤生活。從花壇到彰化大約六・六公里，一站就到了；但彰化是市區大站，很多人上班、上學都在那裡。在花壇上車時火車廂已經爆滿，只能死命擠上去，不然就會遲到 —— 因為下一班車是一個小時後。

很多擠不進車廂的人，只能外掛，也就是手拉著桿子、腳踩著車廂邊，勉強取得一點支撐。我也不例外。我有一位同校女同學因為外掛車廂，當火車行駛在一個轉彎處時，她不幸被甩落而喪命。

當時我的生長較慢，身高矮同學半個頭，瘦到校裙都要折好幾折後用夾子固定，才不會從腰際滑下去，因此常被媽媽唸說：「妳的手臂細成這樣，隨便砍一下就掉了。」她也會擔心瘦小的我，若抓不穩車廂桿子怎麼辦？

升上初二，配合爸爸的工作變動，我們舉家搬到台中郊區，我的求學之路陷入另一種險境。從台中出發到彰化，因為上站得早，不用再外掛車廂，但每天凌晨五點我就要摸黑沿著田間鐵道走五十分鐘去搭車，一路安危也夠媽媽掛心了；幸好當時還有同校的姊姊作伴，我才不至於太害怕。

只要有上學的日子，凌晨四點天未亮，媽媽就會起床為姊姊和我做便當，然後目送我們離家。有幾次跟姊姊牽手走了一段路，回頭往家的方向望去，見媽媽還在原地遠遠看著我們，我的心頭都會充滿一種暖暖的愛意。媽媽過世後，每逢母親節我還是會想起她站在家門口、遠遠守護著我們的那一幕。

素雲也還記得，媽媽擔心我生長遲緩，三天兩頭就幫我燉補，結果真的有效，後來我就一路長高，成了姊妹們當中最高的一個。要感謝媽媽的地方太多太多了，除了日常生活上的照顧，她還像是我們的家政老師。有時，爸爸帶同事、朋友回家聚餐，媽媽也能煮出一桌直逼餐廳等級的美味佳餚，令大家回味無窮。

身處匱乏年代，當時的婦女也不得不練就十八般武藝，甚至於有人幫忙說媒時，一個女子的家事能力也會被當成是「標配」，雖然聽來不公平，卻是當時難以抗衡的社會現實。

因此爸爸那時候就規定我們，高中畢業後必須在家裡待一年，一方面是幫忙家裡，另一方面是向媽媽學習家事和廚藝，等同參加一年制的家政班訓練。比起其他姊妹，我在家待了更久，有一年半的時間。

後來是因為爸爸在教育界當督導的一位朋友，得知我在找工作，問我有沒有興趣當幼稚園老師，才在他的引薦下順利進入台中一所幼稚園（編按：現行法令已將幼稚園改為幼兒園）擔任助理教師，揭開幼教生涯。

在當時看來沒什麼的一件事情，現在倒帶往回看卻發現，原來早在我認識神以前，祂就已經一路在養成後來的我。也就是說，祂先是帶領我在年輕時，從「幼教」的唱遊切入，藉此累積音樂底子；接著在中年時期讓我的幼兒音樂事業如日中天，積累日後發展讚美操的經驗和資金；最後定錨在「老教」的唱遊，專注於讚美操的事工推動。這一切宛如應了這段經文所說的：

我的肺腑是你所造的，我在母腹中，祢已覆庇我。我要稱謝祢，因我受造奇妙可畏，祢的作為奇妙，這是我心深知道的。我在暗中受造，在地的深處被聯絡，那時，我的形體並不向祢隱藏。我未成形的體質，祢的眼早已看見了。祢所定的日子，我尚未度一日，祢都寫在祢的冊上了。（《詩篇》139篇13-16節）

1

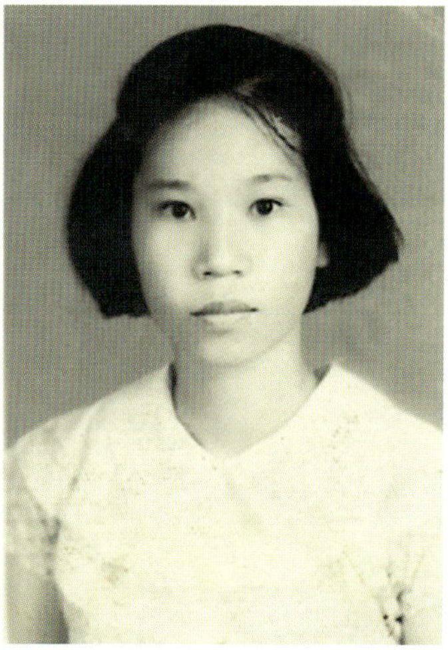

2

3

4

1 父親吳子清，母親吳蕭嬌顏。父親考上「台灣總督府台中師範專門學校」時，家中是放鞭炮、辦桌慶祝父親的金榜題名。母親的娘家是彰化社頭的望族，大舅舅是留學日本的醫師，也是父親的朋友；大舅舅很欣賞父親，將妹妹介紹給爸爸——好友成了妹婿。

2 這張照片是我14歲、就讀「台中州立彰化高等女學校」的暑假拍照的，所以頭髮可以留長一點、超過耳朵。這張照片的我很清秀吧。

3 這是43歲時為了要寄給浴沂（師丈）的相親照。師丈接到這張照片後告訴牧師說：「他想看近期的照片，不要年輕時的照片。」原來師丈不相信這是43歲的我！後來師丈說，他很欣賞這張照片透露出的音樂人氣質。

4 這是2023年1月25日的手足合照。前排從左至右依序為：大姊（碧雲）、二姊（秀雲）、我（美雲）、四妹（素雲）、小妹（瑞雲）；後排左為小弟（榮欣）、右為大弟（文欣）。我們全都超過80歲了。

1

2

3

4

1　這是在龍江路的「吳美雲音樂教學中心」的照片。從美國回來時，我先在長安西路自有套房旁租屋教學，後來購買龍江路二樓的三戶公寓，打通成立「吳美雲音樂教學中心」。

2　這張是發表會時拍照的。當時我是上台致詞，說著說著就跳起來示範給大家看。這張照片的時髦裝扮，至今讓我念念不忘。

3　這張是新生幼稚園的教學觀摩。當時有位小朋友對我說：「老師，您這麼老了，怎麼還來教我們？」當時我可一點也沒覺得自己老，但小朋友可不這麼認為吔。

4　這張是新生幼稚園上課時的照片，我也很時髦喔。其實，在初到YAMAHA教學時，就有老師說「來了一位非常時髦的老師」——我從年輕時就非常喜歡穿漂亮的衣服。

1

2

4

3

5

1　這是我為小朋友編寫的歌劇，由老師們示範表演；台下是來自全台各地的幼教老師，免費參加。我很喜歡創作，這是上帝給我的恩賜。當年我陸陸續續寫了十幾部歌劇，每一部歌劇的道具製作費都超過十萬元。

2、3　這兩張照片是在高雄體育館。高雄縣政府邀請我為高雄的幼教老師們上課，希望能增加他們的教學品質和豐富度。

4　這是幼教老師的研習會。我常到全台各地舉辦老師研習會，大多是地方政府主辦、邀請我來上課。因為這些年的老師培訓課程，大家稱我為「幼兒音樂之母」。

5　這是「吳美雲音樂教學中心」的兒童音樂發表會。我們的發表會不同於當時單純是唱遊的發表會，我會結合許多的樂器表演，讓學生有更多的挑戰。小朋友身上穿的衣服，也是中心提供的。

1

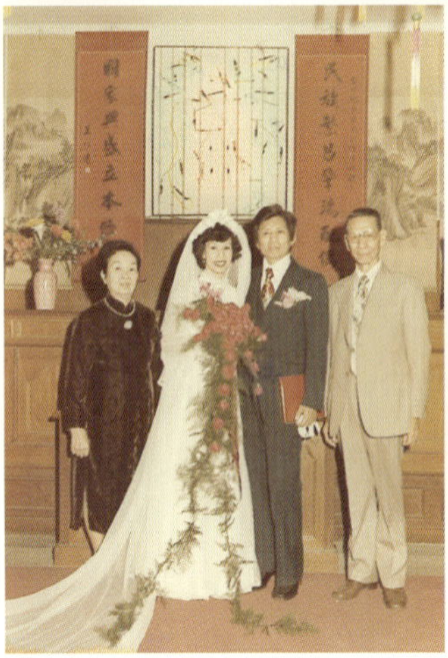

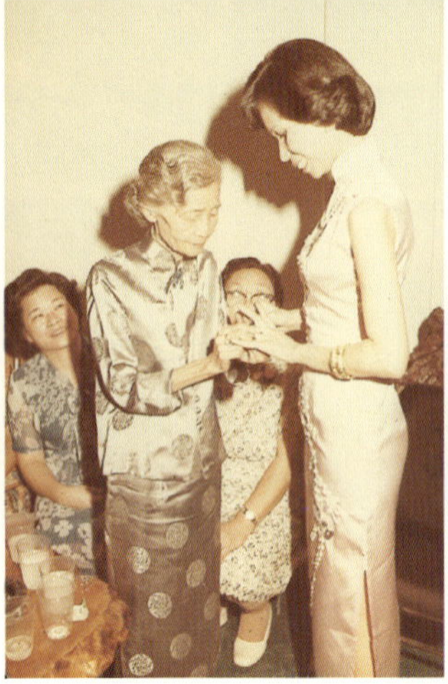

2　　3　　4

1、2　這兩張照片是在法院拍攝的結婚照。師丈前一天深夜才從美返台，隔天就到法院參加公證結婚。當年會在法院結婚的通常是異常狀況（家人反對、先有後婚，等等）才會去。這一天所有的新娘子中只有我穿婚紗、有父母陪伴，所以證婚時，法官安排我們站在最前面中間的位置。這一天是我這輩子第一次和唯一一次塗指甲油。

3　我婆婆的娘家是台南東山的地主，她曾經當過小學老師，兄弟姊妹都是讀書人。這張照片是在弟弟榮欣家舉辦的訂婚典禮：新郎缺席、由婆婆代替兒子戴訂婚戒指。

4　婚後兩個月我移居美國。這張是在South Dakota的印地安保留區拍照的。當天是他們一年一度的Sun Dance慶典，我是他們邀請的貴賓。身旁的這位朋友是當天跳舞的裝扮，我的音樂創作多少也受到印地安舞蹈的啟發。

1

2

3

4

1 這張照片是在紐澤西房子的前門拍攝的，當時約年過60歲。我們家的景色是人人稱羨的，連小孩子都非常喜歡。記得長孫小時候曾說：「阿嬤，您這棟房子不要賣，我以後想要來住。」這位長孫現在已經是在紐澤西執業的醫生了。

2 68歲從美國回台灣時，紐澤西「歸正教會」按立師丈和我為宣教士。回台後，原本計畫到台灣的偏鄉宣教，結果神的意念高過我的意念，竟讓我透過「讚美操」宣教到世界各地。

3 這張照片是讚美操六週年慶、在典華大直旗艦店拍攝的。當時師丈非常投入讚美操的發展，常常陪著我到全省各地和其他國家拓展。

4 這是榮星團隊為了慶祝我的生日，請我們吃飯的照片。這時師丈已經越來越虛弱、吃的不多。之後沒多久師丈發病、緊接著氣切，從此就很少再出門活動了。

1

2

3

1 這是在蘆洲總部一樓門口拍的，為「國際讚美操總會」掛牌的里程碑。那塊木牌非常重，為了行人的安全，現在這塊木牌已經移至五樓的辦公室門口。

2 這張照片是2013年我榮獲台灣神學院傑出校友的照片。讚美操家人們在禮拜堂跳「歸向耶和華」為我祝賀。當年怕畢不了業的我，竟然能成為傑出校友，感謝神給我的奇妙機會。

3 這是在蘆洲捷運站一號出口拍攝的。我們剛搬來蘆洲，特地號召讚美操家人一起來感恩慶祝。

1 

2 

1 10週年慶在香港舉辦，主題是「萬人讚美操」。在跳操的過程中，有一群列隊的鳥兒們在我們上空飛過，彷彿一起來跳讚美操、一同讚美主。當時大家都驚喜不已、歡呼連連。

2 20週年慶在雲林體育館。海內外讚美操家人同聲慶祝感謝神的帶領。我們都是一家人。

這是2023年拍攝的。快90歲的吳美雲，你們認為漂亮嗎？我很喜歡這一張。希望讀者們一起來跳讚美操，永遠保持健康、年輕、貌美、喜樂。

03

踏入唱遊的起點

神給每個人獨特的恩賜，我發現自己的唱遊恩賜是在進幼稚園當助理老師之後；在幼稚園裡，除了照顧孩子們，最常做的事情就是兒歌的帶動唱。

大概是先天的特質和興趣使然，當我帶著小朋友一起又唱又跳時，絲毫不覺得彆扭，還曾經被前來指導唱遊的幼教專家大讚是可造之材。幼稚園的園長有時會約我去軍營看人家跳交際舞，我也是很快就學起來。上述這些經驗，在在啟蒙了我對鋼琴和舞蹈的興趣，也讓我看見自己的天份。

那年頭，鋼琴是奢侈品，據說當時除了學校裡有鋼琴，放眼全台中也只有一位醫生的家裡有，可見有多昂貴。因此我經常利用下課時間在幼稚園裡勤學鋼琴，從基本的Do-Re-Me-Fa-Sol-La-Si（Ti）開始練起。

十九歲通過教師檢定，我成為小學代理老師，轉而教小朋友音樂課，慢慢從一、二年級教到三、四年級，課程內容同樣少不了唱遊。但是，我渴望的不僅僅是一名小學音樂老師，更是能成為登上大舞台的音樂演奏家。這也就是為什麼即使票價不斐，只要有知名音樂家到台中演出，我一定買票前往觀賞。

當時知名的鋼琴家羅伯・蕭滋（Robert Scholz），誕生於奧地利，一九六三年來到台灣師範大學音樂系任教；本身除了擅長鋼琴，也是一名專業的指揮家，對當時的台灣音樂界貢獻良多。我既被他的音樂能力折服，也深為他的仁者風範感動（運用音樂長才做很多善行）。

另一位令我印象深刻的是小提琴家鄧昌國先生，他娶了相貌和氣質都非常出眾的日本女鋼琴家。先生拉小提琴、太太彈鋼琴，每當看著他們在舞台上合奏，我總會陶醉且欣羡地想：「這就是『琴瑟和鳴』的最高境界吧！」如果可以，我也希望擁有那樣的伴侶關係。

只是常言道：「理想很豐滿，現實很骨感。」當時我只是個代理音樂老師，朝不保夕，哪有心思追求兒女情長呢？就連感情天線我也不知道怎麼打開。

小我七歲的弟弟吳榮欣還記得當時有很多人想追求我，

就連他的家教老師和國中老師也是。「當時國中老師一天到晚來我家做家庭訪問，哪有老師這麼常到學生家拜訪的？我知道他要幹嘛，所以偏不理他。」榮欣的描述配上一副誰也別想打我三姊主意的神情，總會讓我不禁莞爾一笑。

我跟榮欣很親。小時候躲空襲，媽媽分配我們有的人拿吃的、有的人熄滅灶火、有的人拿尿桶，我則是負責揹著榮欣躲進防空洞。他高中畢業之後，我還介紹他到我們學校當代理老師，幾乎做什麼事都把他帶在身邊。

學校教務組長興起打乒乓球的風氣，我和榮欣下班後常會留在學校打球，也藉此跟很多老師建立珍貴的情誼。而且無心插柳柳成蔭，我一路打到可參賽水準，曾經取得台中市國小老師組單打第四名的成績。

當時的教職生活，除了不是學校正職缺以外，倒也過得有滋有味。每個月有薪資，且享有軍公教人員的物資配給，福利也很不錯。當有人告訴我，只要支付幾個月薪資為代價，就能幫我取得正式老師職缺，我一度認真思考這個選項。回家問爸爸的意見，他說：「不要吧！我們再等等看。」我才作罷。

這個放棄如今看來肯定是好事，但處在當時前途未明的狀態，心情可輕鬆不起來，因為代理老師的工作隨時會消失。像我當時已經做到第七年，工作還是說沒有就沒有了。

一日，閒賦在家，我正拿著掃把在掃地。嬸嬸剛好來家裡拜訪，見狀便不解地問說：「ㄟ，妳不是在教書嗎？怎麼這個時間在家裡掃地？」

「因為……我沒工作了！」被嬸嬸這麼一問，我積壓的難過情緒瞬間潰堤，眼淚開始撲簌簌地掉不停。真的，那一刻我覺得自己好失敗！都坐二望三了，身旁的女性朋友要不就是有一份穩定工作，要不就是已經結婚生子，我卻是什麼都沒有的「老姑娘」，更不知道接下來要往哪裡走？

當時在台北公館教會當執事的嬸嬸，看了也不捨，便提議：「走吧！我帶妳去台北走走。」隔天便跟嬸嬸一起搭乘北上的火車。我原先以為這趟去台北只是散散心，沒想到卻就此駛進了神所預備的人生軌道上。

04

台北，我來了！

才到台北住一、兩天，神奇的事情就發生了！

那時候叔叔嬸嬸的家位於台北市八德路一帶。有一天，我幫嬸嬸到附近柑仔店買糖，我不經意地在一張報紙上瞄到老師職缺，仔細一看，是考試院附設小學要徵老師。這不正是我千盼萬盼的正式老師招考嗎？一回到叔叔嬸嬸家，我就照著報上的聯絡方式趕緊把履歷表郵寄過去。

心裡既是忐忑，又隱約有一種平安。過兩天我就接到那所小學校長打來的電話。他說：「……我們總共有八十人報名，妳是我們最後一個收件的，明天一定要來考試。」「好！好！好！我一定會去！」當時在電話中誠懇地連說三個好，展現了勢在必得的決心 —— 我是真的一定得考上啊！

如果在台北這個大都市找不到一份正式教職，我接下來的打算就是到離島或偏鄉去試試看。在那些地方當老師不是不好，反過來說還特別有意義，但交通阻隔跟生活不便，總是多少會令人望之卻步。

幸好，蒙神恩典，加上多年來的專業累積，沒多久考試結果公布：「我錄取了！」八十人應考，只錄取兩位。事後從面試官口中得知，我之所以能從中脫穎而出，是因為術科表現優異。講到這一點，實在要感謝自己過去的努力。在台中擔任代理老師期間，我是一個很順服的人，當時的小學校長無論交辦什麼工作，我都會答應並且認真完成，不曾抱怨工作太多或太累。

比方說，校長請我播放「升旗典禮歌」，那年頭是黑膠唱片，操作過程必須很小心，不能摸到黑膠唱片的底部；朝會時的風琴也是我負責彈奏。為了做好上述的工作，週一到週五我都是最早到學校做準備的老師。

還有一個對我超級加分的經驗是：有一年，我們小學輪到要舉辦「中部的教學觀摩會」，許多老師都避之唯恐不及，能閃則閃。正當校長苦惱無人可以協助時，只有我自告奮勇站出來，說：「我願意試試看！」

因著一顆願意學習的心，校長免費對我進行半年的密集訓練。當時的我雖然會彈琴也可以教學生，在寫教案這一塊卻像是一張白紙，需要校長這種資深師父領我進門。

舉例來說，光是教案的基本三元素：引起動機、發展活動、綜合活動，我就毫無概念，更不要說如何細想每一項的執行內容了，所以需要不斷與校長做腦力激盪。在此同時，他也傳授我很多教學技巧，像是「如何教學生發聲練習」。

長達半年時間，我每天早上都在撰寫教案和發想活動，令我欣慰的是，皇天不負苦心人，半年後的觀摩發表會，我得到來自中部各校老師的大大讚揚和肯定。

所以在此也想勉勵年輕人，特別是剛踏入社會的新鮮人，若有心在專業領域深耕，不妨打開心胸，積極承擔每一個學習的機會。

有些經驗也許當下看來沒什麼，但等到哪天派上用場，你一定會感謝過去的自己；更重要的是，先前的那些付出，也會讓未來的面試官看到你的積極上進，光是這樣的態度就足以加分，進而贏得理想的工作。

在如願當上考試院附設小學的正式老師後，我同樣秉持著一貫的積極態度，也因此收穫許多。只不過，連我自己都料想不到，入職兩年後，正當這所小學從私立轉為公立，也就是我終於捧到了人人稱羨的「公職鐵飯碗」，神卻在這時呼召我放下一切。

上台北之後，嬸嬸就帶我到「台北公館教會」聚會。第一次參加主日崇拜，我就深深地被教會的溫暖氛圍吸引。大家都很熱情友善，也會主動關心我在台北的適應狀況，讓我有歸屬感，所以很快就決定受洗。

固定聚會之後，除了信仰追求和教會裡的服事，我也多少期待在此遇到神為我預備的另一半。只是感情的消息還沒任何動靜，神就先透過台神畢業的許錦銘牧師（已歿），鼓勵我去讀台灣神學院。許牧師當年是公館教會的傳道，過世前為雙連教會的主任牧師。

「台神」是由加拿大長老教會第一位來台的宣教士偕叡理（George Leslie Mackay），也就是人稱的「馬偕博士」創立的；在幾番改制下，一九五九年開始授予神學士的學位。

當時許牧師會鼓勵我去就讀，一方面是看到我對信仰的渴慕，另一方面是覺得我很適合做全職事奉，因為每逢周日聚會站在門口當接待，我見到人都是笑盈盈的，很有親和感。

我自己呢？受洗後，我的想法就慢慢改變，覺得在教會做全職服事很有意義。加上在小學工作兩年，自覺有許多不足，所以也打算繼續往音樂方面深造，而台神的「宗教音樂系」正好可以提供這樣的滋養。

牧師很鼓勵、我也很阿們（意指內心深有同感）。至此，可以說是「萬事俱備，只欠東風」。「東風」指的是中部家人，尤其是爸爸的態度。我是一個決定做什麼就會堅持努力到底的人，但若是爸爸強力反對，即使我執意就讀神學院，心裡還是會有所掛慮。

自從內心有了決定，我就開始迫切禱告。等到真正開口的那天，我先是深呼吸一口氣，接著才語氣緩慢地（其實是小心翼翼）告訴爸爸：「我要辭掉工作，去讀台灣神學院。」

爸爸沉默了一會兒。

「撲通、撲通、撲通……」我的心臟猛跳不停。「Yoshiko（美子），」我的日本名字叫永井美子，爸爸習慣喚我的小名。他接著說：「妳自己的將來，妳自己決定。」

不僅如此，爸爸還進一步引導我思考什麼是最重要的。「妳認為辭掉工作去追求成長，對妳比較重要？還是結婚並安穩度日比較重要？」我馬上回答：「我希望自己的人生可以一直學習，更上一層樓！」因為這個問題我已經在心裡想過不知多少遍了。

老實說，按照當時姊妹的出嫁排序，我也很難往相親結婚的這條路走。爸爸堅持我們家一定要大姊先嫁掉、二姊才能嫁，以此類推。結果大姊二十七歲才嫁、二姊也挑對象挑到二十九歲，等她嫁出去的時候我（排行老三）都三十歲了，在鄉下地方很難作媒。後來也是因為我北上發展，妹妹的排序才能往前，沒有被我卡住。

但不管怎樣，我還是很感念爸爸的支持，以及尊重我的決定。因為除了讀神學院這件事，受洗之前我希望取得爸爸同意，他也是說：「好！信仰是自由的。」讓我得以自在擁抱基督信仰。

我也知道爸爸故作輕鬆的背後，心裡勢必有過一番掙扎。只是他很清楚，五個女兒當中就屬我的個性和才情最像他，看到我對人生有想法，自然也就慢慢從擔憂轉為祝福。

更令我感動的一件事情是，爸爸擔心我終生未嫁，老了會沒有保障，還曾經交代兩個弟弟（傳統觀念都是把財產留給兒子）說：「若是三姊沒嫁，未來財產要分成三份，一份留給她。」

後來我嫁了，在四十三歲那年遠嫁到美國。但在我心裡，爸爸的這一份財產早在我聽到他說這話的時候，就已經在情感上收到了。

05

在神學院的靈魂暗夜

你們要進窄門。因為引到滅亡，那門是寬的，路是大的，進去的人也多；引到永生，那門是窄的，路是小的，找著的人也少。（《馬太福音》7章13-14節）

跟隨神等同進入一道窄門，也是步上一條孤獨的道路，這些我有心理準備。只是沒料到實際進入台神就讀，仍然面臨很多的震撼教育。

我們班上的學生不到五位，我三十一歲，年紀最大，其餘都是高中應屆畢業生。雖然有年齡差距，但我們相處得不錯，他們都稱我「美雲姐」，有感情困擾也會向我傾訴，或請我當和事佬。

當時對我打擊最大的不是人際關係，也不是生活適應，而是課業方面的強烈挫敗感。原因是，我當時的英文很差，鋼琴基礎也不夠好。台神的師資群幾乎都是來自美國或加拿大，我連英文都聽得霧煞煞，更別說要理解用英文教的神學專業課程。這一點讓我很焦慮，只能一邊提升英文，一邊求助身旁其他人，但這也不是一時半刻就能跟上的。

再來就是開學第一次上鋼琴課時，老師請每個人上台彈奏，我彈的指法很簡單，結束後被同學開玩笑說：「妳是別人帶來的，還是陪考的？怎麼這種程度也可以進來讀？」

我知道對方純粹是開玩笑、沒有惡意，但我已經有一定的工作經驗和專業肯定，在這裡卻什麼都敬陪末座，自尊心大受打擊。先前說過我是一個很有志氣的人，同時也是一個很容易受到「環境友善度」影響表現的人。

出於志氣，每天晚上十點宿舍熄燈後，為了不影響室友們的睡眠，我都拿手電筒偷偷躲在棉被看書，跟上多少是多少。可惜那個年代沒有翻譯機或翻譯軟體，我就不用被擋在英文門外而無所適從了。

鋼琴功力就無法單靠唸書，還需要有老師願意耐心地手把手教我，而且是從比較基礎的階段開始。假設老師的課程標準是十，其他同學也許只要從六慢慢提升到十，我卻要從三拉升到十。

當時的那些學習挫敗和壓力幾乎將我的身心靈壓垮。我甚至開始懷疑自己有辦法唸完神學院嗎？萬一畢不了業：

——我都幾歲了？如何對辭掉教職工作的自己交代呢？

——牧師和爸爸都對我寄予厚望，若讓他們失望了，怎麼辦？

——家中姊妹們這麼支持我，資助學費和住宿費，我豈能辜負她們的用心？

——教會的人知道我在唸神學院，沒唸完的話，如何為神做見證？

——當初笑我笨的人，看到我沒唸完書也沒找到更好的工作，會怎麼取笑我？

每個問句都宛如一把利刃猛地往我心頭刺，接著又開始控訴自己有多失敗……這種自我否定，遠比失去代理老師工作時來得更強烈，因為現在更多了自我的打擊。

最嚴重的時候，我甚至萌生輕生念頭，意似「不成功便成仁」，因此當時很常向神禱告說：

「假使沒有順利從台神畢業，我就不要活了！」我知道，神必不喜悅這樣的禱告，但我內心的痛苦、掙扎、無助、絕望，想必祂都是看見的，也確實透過一些方式來安慰我、幫助我。

比方說，教鋼琴課的老師當中，有一位年約五十歲的毛師母，她就像是神派來的天使。

加拿大籍的毛牧師和毛師母，倆人都是宣教士，特質上也比較有愛。我沒有事先拜託，她就知道我有特別的需要，採取因材施教的方式來教學。

有次鋼琴課要驗收學習成效，她考量我的程度，指定比較簡單的John Thompson曲目。台下同學一臉狐疑，想說我年紀大那麼多，理應可以彈一些很厲害的曲目才對；但我知道毛師母的用意是不想讓我出糗。

至於私底下的一對一教學，每次踏進台神的教師宿舍，毛師母都會親切地迎接我，為我準備一杯茶和一塊餅乾，然後給我五分鐘暖身，允許我用手隨興拍打琴鍵，藉此放鬆肢體。

在這樣的過程中，不只身體，我的心和靈也跟著放鬆許多。但當時真正讓我感到內心釋放的關鍵，是毛師母曾說過的一句話。她說：「吳美雲，沒有關係，學音樂不是學技巧（technique）而是感受（feeling）。」換句話說，用「心」去體會音樂內涵，比用「腦」去硬記指法技巧來得重要。

聽到這話的當下，我非常驚訝也非常感動。驚訝是因為我以為鋼琴老師都一樣，只會強調技巧、技巧、技巧；感動是因為，特質上我本來就是一個看重音樂感受勝於技巧的人，毛師母的話，讓我深感被理解和被看見。

這就好比我後來創作讚美操，無論是「音樂」還是「操」，我都是跟隨內心的感動而呈現，而非技巧的追求——這是吳美雲style，也是神賦予我的感性特質。直到現在，我還是非常慶幸能在台神受到毛師母的指導，由於她的溫暖和同理，讓我當時幾乎崩塌的身心靈得以被支撐住。

她的愛心和耐心亦是我學習的榜樣。一對一上課，遇到不會彈的地方，她總是溫柔地說：「來，我彈給妳聽。」不像另一位藝專畢業的台灣籍老師，一邊拿棍子從手指頭打下去，一邊罵說都幾年級了還彈成這樣。

這種正向教學法影響了我後來在教幼兒音樂和讚美操的態度。譬如說，早年在公園教讚美操，有人跳錯了，覺得很「歹勢」（不好意思），我都會笑咪咪地用台語對她說：「不要緊，跳錯了，笑一笑就好。」確實也是這樣啊！人生已經夠辛苦了，何必再對人、對事、對自己，有那麼多的過不去呢？

走過這段靈魂暗夜，如願從台神畢業，一直到後來考上YAMAHA老師，受到學生和家長的喜愛；再輾轉打造了幼兒音樂事業，名利雙收；終至人生的下半場，將讚美操事工推廣至世界各地。

當時間為我們戴上了廣角鏡，重新回顧過往，便會發現，很多以前看來爬不過去的山，如今都變成了一跨就過的門檻。當然前提是，本身要不斷地追求成長以及願意被神擴張。

所以如果有機會，現在（二〇二四年）八十九歲的我想對當年那個三十一歲、正深陷絕望的自己說：「不要緊，彈錯了，笑一笑就好。」然後，伸出雙臂給她一個溫暖的擁抱，告訴她，一切都會過去！只要堅持下去，前方一定有路可以走。

06

在 YAMAHA 的曙光

實際上，只要跳脫「學院派」的制式評分標準，我的能力、特質及待人處世的態度，在「做人跟做事一樣重要」的社會大學裡，依舊很被看重。重新體會到這一點是神學院寒、暑假被派到教會實習的時候。

話說從頭。有一次，我被派到桃園一間教會，不只來回一趟要搭很久的車，牧師還要求實習生要服事完週日晚間的禮拜才能離開。

那時不比當今有高鐵，從桃園搭客運回台北，還要轉搭公車到陽明山的山腳下，然後再獨自爬至少三十分鐘的階梯回到半山腰。每次週日回到台神都已經半夜了，不只冬天冷到打哆嗦，連性命安全都有疑慮。

我自認是吃得了苦的人，在這之前被派到一間小教會，下雨天在地下室打地鋪睡覺，地上溼答答的，我也照樣撐過去。但這次在桃園教會撐了一個月，我不得不舉白旗投降，向校方說：「拜託，我不能再去，實在太危險了 ！」

教務長同意了，並說明是因為牧師事先有拜託，請校方一定要派比較厲害、有經驗的實習生給他們。雖然我的教會歷練有限，做人做事的經驗卻很豐富，所以我是教務長特別挑的不二人選。

經由這件事情我發現到，實際進入工作或服事現場，著重的還是一個人的綜合能力，這點是我很大的優勢，也讓我更有動力朝向音樂和神學專業進修。

也謝謝神學院的滋養，尤其是毛師母，幫助我在音樂造詣方面提升許多。畢業之後，我又幸運地考上YAMAHA音樂老師，邁向真正的第一個工作巔峰。從面試到錄取，同樣有一段小故事可以分享。

簡單來說，當時公司的招募條件有年齡限制，我已經三十五歲，所以填寫報名表時刻意少寫了幾年。錄取後，過不了良心那一關，我還是主動向公司經理坦承實情，也做好可能被取消資格的最壞打算。但感謝主，經理的反應完全出乎意料之外。

「我們早就知道了啊！」當時，他一派輕鬆地說：「那是日本高層要錄取妳的，他說妳的氣質很好。」

聽到經理這麼一說，我大大地鬆了一口氣，一來是不用昧著良心做事，二來是當時被錄取等於是捧到金飯碗，比鐵飯碗還有價值。YAMAHA在當時成功創造了一句廣告口號，就是「學琴的孩子，不會變壞」。這句話在集體渲染之下，正逢一九七〇年代台灣的經濟正要起飛，父母普遍願意花錢讓小孩學音樂，鋼琴也因此走進很多人的家庭。

我考進去的時期算早，全台灣只有二十幾位老師，照規定新進老師必須接受一段時間的培訓，公司才會開始協助排課。

當時的核心講師就是鐘麗珠（後來成為我的弟媳）。她畢業於藝專，在第一屆時就以第一名的優異成績考進公司，後來被拔擢為培訓講師，協助提升新進老師在樂理、和聲、旋律等方面的專業技能。

日本的指導老師則是一個月來台灣一次，專門訓練教學法；他的態度很嚴謹。在上培訓課程時，我才認出原來他就是當時看好我的那位日本高層。

關於破格錄取的這段過程，當年在現場擔任監考老師的麗珠也有一些觀察。據她看來，我在回答面試官問題時都笑臉迎人，表現落落大方；起身寫板書試教時，也是儀態優雅沒有駝背。這些完全符合公司想要的音樂老師形象，所以日本高層雖然覺得我的年齡偏大，但很適合教幼兒，便決定錄取我。

在教小朋友時，負責督導的麗珠也注意到，比起一些兇巴巴的老師，見小朋友彈錯就打，我都是用愛心和耐心慢慢地教，並適時給予稱讚，建立小朋友學鋼琴的自信心。實際上，麗珠說得沒錯，當時我在家長們眼中也是這樣的評價。

在教室幫小朋友上課時，媽媽通常都會坐在旁邊聽。據一些家長事後反饋，我的打扮很有氣質，教小朋友時也特別溫柔、有耐心，再加上我的第一份工作是在幼稚園當助理老師，把幼兒唱遊帶得很有趣亦是我的強項。

於是，我的教學口碑就漸漸傳出去，成為許多家長指定的音樂老師。甚至有幼稚園園長想在園內開音樂才藝班，還特別跑來音樂教室看我上課，之後提出教課的邀請。

那時候教一堂課是一千二百元。在公司的後半時期，我就展開白天到幼稚園、晚上到音樂教室，或是接家教的巔峰工作模式，而且經由推薦，合作的幼稚園還越來越多家。很多成功的商業運作模式都是慢慢醞釀來的，後來我能成功地打造出幼兒音樂事業，正是建立在這個時期的經驗，以及人脈的建立。只不過，當時我並沒有想那麼遠，也尚無任何創業規劃，因為好好當一個鋼琴音樂老師，收入就已經超過我的所求所想。

經濟上自主，讓我可以每天打扮美美的，想吃什麼、想買什麼都能隨心所欲，還能在台北市購入一間十幾坪的套房自住。想一想，夫復何求呢？即使有人追求，我也不怎麼婚頭，反倒先當起了弟弟榮欣和麗珠的媒人。麗珠的媽媽曾打趣對我說：「我們麗珠是嫁給妳吳美雲，不是吳榮欣喔！」顯示她們母女對我的信任。

我更是樂見這段姻緣。榮欣是我從小負責揹到防空洞躲空襲的弟弟，麗珠跟我既是YAMAHA的同事，也曾是培訓我們的老師，互動本就緊密，結了親家等同親上加親。創立讚美操這二十年來，也因為有麗珠的專業補足，讓音樂創作跟錄製都得以更加周全，是團隊重要的英雄之一。

我是個喜歡成全他人幸福的人，就在促成這段美好姻緣的幾年之後，感謝主！我的幸福也重磅登場！

07

飄洋過海來愛你

「我真的要飛去美國生活了嗎？」

一直到登機之前，我都還這樣問自己。似乎除了淚眼汪汪的道別、輕薄薄的機票，以及沉甸甸的手提行李之外，一切都顯得不太真實。

我的人生，從小姐變成人妻，到決定放下工作、飛到美國生活，不過短短幾個月，但為了遇見神所預備的理想良人，我卻等了大半輩子。

無論是在台中當代理老師，或是在台北當鋼琴音樂老師，一個人的日子裡多數時候都是樂在其中的。但偶爾看到旁人出雙入對或攜手成家，我也會不禁想著，若身旁有一位伴侶相互扶持，該有多好！

我也會寂寞，只是因為對理想另一半的標準有所堅持，不願將就。同時我也相信，神會為我的婚姻作主。等啊等的，終於在四十三歲時，迎來這一天。

有次主日聚會結束，牧師喜孜孜地走向我，說想為我介紹一位早年是台大畢業、目前在美國教書的對象，他是一九三〇年出生的。

見我聽得認真，牧師繼續提到，有位年長會友（我後來的婆婆）在問有沒有合適對象可以介紹給她兒子，在場聽到的牧師和長老們馬上異口同聲說：「美雲姊！」所以他就來問我的意願，並拿出一張相親照給我看。那張照片太小了，還有點模糊，當時看了只覺得對方相貌端正，雖然年近五十，大我六歲，但照片裡的樣子並不顯老態。

他的名字叫蘇浴沂，日本名是稻田誠一，婚後我都叫他Seiichi（誠一）。一開始我就知道他有兩個孩子，老大是女兒，大一生；老二是就讀高二的兒子。孩子們的母親因腦溢血過世，Seiichi想要再找個伴。

人說「後母不好當」，我倒是沒想那麼多，加上Seiichi學識非常好，台大畢業後赴美一路攻讀到數學博士，然後在美國當教授，光是這部分就非常加分。我先前也提過，找對象最在意的就是對方的學歷，因為與其說是在找一份愛情，我更希望找到一位可以學習和景仰的對象。同時那也多少彌補了我早年沒有接受高等教育的遺憾。

這樣想過一輪之後，我個人傾向答應。但為了確定是否出於神的預備，除了牧長們點頭認可，我也找了一位台神的同學討論，想聽聽她的意見。

那位同學起初並不贊成我嫁，說我沒見過Seiichi，不確定他有沒有殘缺，萬一上當怎麼辦？於是她提議：「我們晚上各自禱告，明天再來做決定！」結果，隔日清晨五、六點，我就接到同學來電開心地說：「吳老師，這個可以嫁，因為我昨天晚上做夢，夢到妳穿一套黃色禮服，好漂亮、好幸福喔！」

她的話讓我對這段婚姻更有期待了。接下來，就是爸爸那一關。

Seiichi的爸爸已經過世，牧師和長老特地代表男方家長到台中拜訪我爸爸，做所謂的「提親」。爸爸起初是說，連對方的真實面貌都沒見過，怎麼嫁？直到得知我那位同學做的異夢，以及牧師、長老的居中掛保證，才改口說：「那是你們上帝來說的，一定不錯，那就信你們的上帝。」

接著很快地，我們就辦了一場沒有未婚夫在場的訂婚宴，只有請幾桌的親友。訂婚當天，由準婆婆先幫我戴戒指，一個月後Seiichi才趕回台灣。

不知道這樣算不算也是一種浪漫？我們此生的第一次見

面是在台北松山機場（當時尚無桃園中正機場）。那天是我兩個弟弟開車陪同前往。在確認Seiichi的班機抵達後，我就開始目不轉睛地守著入境大門，彷彿在為我的人生下半輩子開獎。

那種感覺好奇妙，素昧平生的兩個人一見面就以夫妻相稱。「我們是真的完全都不認識啊，萬一待會見面很尷尬怎麼辦？」正當我腦海中的小劇場開始上演時，Seiichi出現了！「怎麼看起來這麼老？」不瞞大家，這是我當時看到他的第一個反應。事後跟人講起這段，我還會補說一句玩笑話：「當下想逃也來不及了！」

Seiichi 一認出我，馬上就趨前將我的手緊緊握住說：「妳就是吳美雲喔！」一路上，被他牽著的手就再也拉不回來。說也奇妙，透過這短短互動，我的心也很快就跟著被牽走……跑不掉了 —— 也不想跑了。那種打從心底認定一個人的感覺，真的很甜、很甜，即使現在Seiichi過世了，想起這段過程，我仍宛如情竇初開，連笑容都變得靦腆。

只可惜，以一對新婚夫妻來說，那次的相處很短暫，期間還要緊鑼密鼓地完成婚禮和法院公證程序，這正是他此行返台的首要任務。一個禮拜後我們就又離情依依地互道：「美國見！」

Seiichi當時已經到聯邦政府上班，配偶簽證核發特別快，一個月後我就可以飛去美國。原先我也是想越快越好，但後來還是多留台灣一個月，一方面是因為有一些事情要收尾，另 一方面是我開始捨不得家人和朋友。

當時的美中台關係緊張，政治情勢詭譎多變，打國際電話又非常貴。這一趟飛去美國，下次見面就不知道是什麼時候；甚至於，連有沒有機會再回到台灣，都是一個未知數。

若說我的心裡對於要放下一切去美國絲毫沒有忐忑，那是騙人的。只是每當我想起自己孤單了那麼久，現在終於等到神預備的人，豈能不把握嗎？

「好！那就走吧！」我再次對自己信心喊話。與Seiichi分別後的兩個月，我獨自搭上了航向夢想婚姻生活的那架班機。

08

甜中帶澀的美國夢

自從答應嫁給Seiichi，我的人生開始出現戲劇性的轉折。當中最驚險的一個環節就是在獨自飛往美國時，飛機才剛從台灣升空，機上廣播便宣布一個震驚全台的壞消息，內容大意是：「美國宣布與台灣斷交，美軍撤台後，台灣可能就要淪陷了，而你們成了第一批的逃難者……」歷史上的那一天，是在台灣時間一九七八年十二月十六日宣布，在一九七九年一月一日生效；「中美共同防禦條約」則於一九八〇年一月一日廢止。

飛機上的旅客，包含我在內，聽到這個消息之後很多人都哭了，擔心還留在台灣的家人怎麼辦？接下來台灣會不會陷入戰爭？太多太多的不確定性，觸發機上每個人心裡的不安。

流著眼淚，我想起稍早在機場，爸媽跟姊妹們大陣仗來送機、我們抱在一起哭的畫面……雖說那年頭的送機畫面都宛如生離死別，這邊一群人在哭、那邊也一群人在哭，但多了美國與台灣斷交的現實因素，這次說的「再見」，可能就未必能再見到面了。

懷著強烈的悲傷和不安，我開始為這一切向神禱告，請求祂的施恩和憐憫。同時也告訴自己，若是嫁到美國是出於神的計畫，那麼祂自然會有最好的安排。當我轉而仰望神，心裡便逐漸感到平安且平靜許多，這也才有心思開始想著，人生地不熟、英文又不太溜的我，待會兒要如何請人幫忙，免得在轉機時迷路，或是轉搭小飛機之後，到站還不知道要下飛機。

Seiichi為了避免我和他的兩個孩子不合，剛從明尼蘇達州轉調到南達科達州，所以我必須先在洛杉磯機場轉機，但偌大的機場東南西北都是英文字，我哪分得清！

還好他事先有教我一句英文，說我一路上只要會講“I am going to South Dakota.”（我要去南達科達州），應當就會有人指引我怎麼走。確實，順利搭上小飛機之後，我也跟鄰座一位外國女孩說：“I am going to South Dakota.”她很熱情，馬上站起來大聲說：“Everybody! Who want to go to South

Dakota?”見有一名外國男子舉手，那位女孩回頭對我說：“You follow him.”（妳跟著他）

那台小飛機如同公車一樣，也是一站（州）一站（州）停，當那女孩下了飛機，我開始緊盯著那位外國男子，深怕他會忘了我的存在；幸好對方沒有，我才得以順利抵達南達科達州的機場。

“Amy, Welcome to South Dakota!”一見到Seiichi，緊繃的心情瞬間鬆懈了下來，他則是給我一個大大擁抱，喜悅全寫在臉上，還說：「走！我帶妳去吃披薩。」

生平第一次吃到披薩，我邊吃邊稱讚好吃。即使往後的日子裡，有很多機會吃到披薩，也嚐過許多口味，但每每想起還是會覺得，那大概是我這輩子吃過最好吃的披薩了。當時咬進嘴裡的每一口披薩，都拌雜了我對美國生活的憧憬。

我的想像之一就是，來美國應該會住進一棟獨立的房子，門前有自家庭院，因為美國電影都是這樣演的；我小時候住在台中，看到的美軍宿舍也是長這樣。

直到Seiichi開車載我返回住處，那些想像全部破滅，因為橫亙在眼前的是一整排的聯排房屋。這還不打緊，一走進去發現，屋裡只有一房一廳一衛一廚，比我在台灣住得還差，一時間真的有點難以接受。

Seiichi看出我的失望，解釋說這是工作單位安排的宿舍，而且住小一點的房子，冬天的暖氣電費會差很多。他自己的房子是在明尼蘇達州，目前給兩個孩子住，偶爾我們也可以開車過去同住。

過兩、三天，他說要帶我去Down Town走一走，我本來滿心期待，沒想到開了好一段路抵達後，發現當地的「市中心」竟然只有三間店，一間超市、一間裁縫店、一間銀行——又是一個震撼教育！

初期還曾遇到過有印地安人來家裡敲門要錢，我也傻傻給了。Seiichi將這件事告訴學校的同事，我們才知道不能給錢，不然全村的人都會跑來要錢。

總之，一開始遇到了很多文化和生活上的衝擊，但想一想能怎麼辦呢？於是我告訴自己「既來之，則安之」，開始把重心放在打造屬於我們的家庭生活，當初跟媽媽學習一年半的家政經驗，這時也正式派上用場。

那時候Seiichi在印地安教學大樓教課，對象是高中生和大學生，每天我都會準備兩個便當，他一個、我一個，而且受到日本教育影響，我的便當都做得很漂亮，常常讓他的同事和學生們羨慕不已。偶爾我也會煮台灣料理跟當地的印地安人分享，沒想到大家一吃成主顧，常常在路上碰到我就會說：“Amy, I so miss your fried rice. When can I go to your house？”每個禮拜都請人來家裡作客的結果，很快地我們就捉襟見肘了。

再加上 Seiichi的兩個孩子都在最花錢的階段，每次他一領到薪水，付完房貸跟孩子學費就差不多沒了。我雖然有音樂的專長在身，但當地人不學鋼琴（南達科達州是印地安人保護區），也沒辦法用這個來賺錢。

我也曾經請妹妹寄「台灣玉」過來，假日到公園擺攤，生意普通，所以很快就不了了之。那陣子只能吃老本，才勉強撐過那段時期。所謂的老本就是出國前，我自己的存款和爸爸給的錢。

❦

婚後大約半年，學校放暑假，Seiichi要回校園補修博士學位的學分，才第一次載著我回到明尼蘇達州，跟他的兩個孩子見面。當時我特地準備了禮物要送給他們，可惜的是，一條玉珠子串起的項鍊，就被第一次見面的繼女扯斷了。那時我才體會到，Seiichi當初為了我請調到別州，不讓我和兩個孩子同住一個屋簷下是對的，因為他的女兒對我有很大的敵意。

這是可以理解的，畢竟她的媽媽才過世兩年，爸爸就娶了我，而且還因此搬離開家；身為孩子的她是需要更多的時間消化的。

暑假同住期間，Seiichi忙著到學校補學分，我就扮演起後母角色，每天幫兩個孩子打理三餐，以及維護家中的清潔，有時還會自掏腰包帶他們一家人到餐館吃飯 —— 這對當時的他們來說是奢侈的事。

看到我的付出，Seiichi兒子最先軟化，每天放學回家都會買一顆巧克力給我，雖然不是什麼稀奇的東西，卻讓當時的我備感溫暖。女兒的態度雖然沒那麼友善，至少經過相處後敵意已經減輕不少，甚至到後來，跟我的關係還越來越好。

總之，無論是跟Seiichi的孩子們相處，還是在南達科達州的生活，隨著時間的過去和我的用心融入，日子都漸入佳境。像是當地的印地安人很喜歡跟我交朋友，還教我怎麼跳印地安舞蹈，為我當時的生活帶來不少歡樂。讚美操裡頭的一些舞蹈靈感，也受惠於這段生活經驗的滋養。

印地安人的慶典活動拒絕白人參加，卻會邀請我，結束後還綁一塊鹿肉讓我帶回家。平時打獵、不吃的「鹿鞭」也會送我，台灣人喜歡用鹿鞭煮補湯，我會先用烤箱把鹿鞭烤到乾乾硬硬的，再寄回台灣給媽媽和婆婆，如今想來都是很有意思的回憶。

至於我和Seiichi，相處起來既像戀人也像家人和朋友。後來投入讚美操，他又成了我的福音夥伴及事工戰友。

起初，我們曾經甜蜜約定，他每天教我講一句英文，我每天教他彈一首歌。結果呢？哈哈！當然是無疾而終。我的英文還是一樣勉強堪用，他會彈的也永遠是那首「小星星」，而且還是一指神功。

我們的對話也很有趣，常常一句話夾雜著「國、台、英、日」四種語言，但主要以台語居多。寫東西和思考事情，Seiichi習慣使用日文勝於英文，所以之後隨我回台灣，他受聘到一所學校去教日文。

平常聊天，我最喜歡Seiichi的幽默風趣，常逗得我哈哈大笑，一些體貼的話從他嘴裡說出來，聽了也會笑中帶淚。像在美國第一次遇到下雪，我獨自站在窗台前，覺得窗外白茫茫的一片，真是漂亮，心裡既是感動，也很想念台灣的家人，不禁開始掉淚。Seiichi見狀，趕緊走過來用台語溫柔地問說：「我是哪裡對妳不好嗎？妳怎麼在哭？妳跟我說，我一定會對妳更好一點。」擦了擦眼淚，我笑了，那一刻也感覺心裡被安慰到了。

老實說，嫁到美國後的生活比我原先想像來得辛苦。但我很順服神 ，上帝擺哪一條路給我走，我就這麼走。

在美國待兩年多，考量台灣局勢較為平穩，加上帶去美國的錢快要見底，跟Seiichi討論後，由我先回台灣探路，倘若一切順利，他再辭掉工作跟著回來台灣。

回台重新找工作會順利嗎？坐在返台的飛機上，我再次告訴自己：神會有最好的安排！

09

如日中天的幼教事業

我從沒想過，嫁到美國之後可以這麼快就回台灣，雖然是出於經濟考量，但也算得以一解思鄉之苦，又可以重拾亮麗的都市生活，心裡其實也有期待的。

現任讚美操基金會的教學組老師吳靜玫，她是我的姪女（弟弟榮欣的女兒），我和Seiichi結婚時，她還當我們的可愛小花童。長大後，對於我嫁去美國的這段故事，她總愛開玩笑形容，我是「台灣City Girl到那邊變成了Country 阿桑（台語）」，這話可說得真傳神。

受到美國文化影響，我的穿著打扮變得很隨興，一件T恤加牛仔褲就出門，回台灣後也照常這樣穿。有次，妹妹素雲實在看不下去，還唸我：「怎麼都穿得那麼醜！」時不時就帶我去買時裝，讓我慢慢又回到City Girl的樣子。

至於工作的安排，我原先的計畫是重拾老本行，自行接家教以及到幼稚園教音樂課，完全沒想到神已經預備我要走向更大的事業格局。

那時候經人介紹，我致電時任台北市私立新生幼稚園（現已改制為幼兒園）的園長黃梅珍女士。當時新生幼稚園是指標性學校，其中又以音樂課最為著名，每次只要有外國幼教人士來台參訪，政府單位都會安排到新生幼稚園參觀。而黃園長（後皆稱黃長老）本身也是幼教界的權威人物，非常有影響力。

在電話中，我問黃長老是否有缺音樂老師？黃長老馬上約我面試，因為他們正好有一位音樂老師要離職出國進修。見面後我們相談甚歡，實際教學後，她也很欣賞我在幼兒音樂上的創新及教學風格，所以從那之後，神就預備她成為我在幼教界事業的貴人，也是我在屬靈上的禱告夥伴。

新生幼稚園每年都有例行的音樂發表會，黃長老就邀請全台的園長前來參加，讓我有機會在幼教界嶄露頭角。同時因為我的教學理念和作法受到許多園長們的認同，發表會之後我的音樂課就接不完了——這是我在幼教界站穩的第一步。

事後想來，我當時的教法之所以特別受歡迎，其一是我在美國生活過，那時美國兒童節目「芝麻街」正蔚為風潮，我也從中受到不少啟發，並結合在自己的教法當中，讓大家覺得很創新。其二應該是跟我的個人特質有關，黃長老常說很喜歡看我幫孩子們上課，因為我的聲音特別吸引人，表情動作也很豐富，也就是活潑的時候很活潑，溫柔的時候很溫柔。

此外我還有一個特質，就是很懂得如何抓住孩子們的目光。不像當今的少子化現象，當時整間新生幼稚園，上午班和下午班的孩子加起來總計有七、八百人，一個班級平均有三、五十個學生。

孩子的注意力本來就短暫，加上要同時教那麼多孩子上音樂課，對老師來說是一大挑戰。當時我的上課技巧是五分鐘就轉換一個方式，有發聲練習、有節奏模仿、有講述故事，也有唱遊律動和樂器學習，教案非常豐富，上課的節奏也很緊湊。

當時的音樂課是一週上一次，我在教孩子們樂器（像口琴、笛子等等）的同時，班上老師們也在學，然後馬上現學現賣，利用下一堂音樂課之前，規律地幫孩子們複習，以便順利銜接下次的進度。

黃長老私下向我透露，老師們都很拚命地教，壓力很大，她曾不解地問：「吳老師這麼溫柔，你們為什麼怕她？」結果老師們說：「我們是敬畏吳老師啊！不想辜負吳老師的用心⋯⋯」

我很謝謝老師們這麼看重我。實際上，沒在週間把孩子教會，我也不會怎麼樣，老師們的態度主要還是跟黃長老對我的相挺有關。我對黃長老也是很順服，她一時興起或有需要，請我隔天創作出一首歌曲，我都使命必達，所以我常說「順服就會蒙福」。

即使一班每週只上一次音樂課，當時的工作量之多，還是讓我每天都在各大幼稚園之間奔走。對家長來說，讓孩子在幼稚園上音樂才藝班，可以省下不少錢。對園方來說，向每位小朋友收取一點費用，乘上全班人數也是一筆可觀的收入，所以每家幼稚園都爭相邀我開音樂班。那時候我的工作節奏常常是早上教幼教、下午和晚上教鋼琴，有一對一，也有團體班。

嫁到美國之前，我就已經在台北買一間套房，回台灣之後，我們夫妻倆也是暫時住在裡頭。為了工作方便，我在同樓層租下一間套房，裡頭擺了二十台小風琴，一班收二十個學生，一人收一百五十元，一個鐘頭下來就可以賺進三千元。

週間的每個晚上，從六點到九點，我可以開到三個班，賺進九千元；六、日的話更可觀，我可以從下午一點教到六點，五個班賺進一萬五千元。而且這還只是團體班，尚未包含教幼教的收入和一對一的鋼琴家教收入。

最開心的就屬Seiichi。每次只要我在租來的套房上課，他就會打開我們的自住套房，坐在門口負責收錢，當時沒有刷卡這種金流科技，一天收到的現金鈔票很可觀。幸好他是台大數學系畢業的，數字對他來說一點都不困難。

這也就是為什麼，包含黃長老在內，只要有參與過我幼教輝煌階段的朋友，聽到外界誤傳我靠讚美操賺錢都會為我打抱不平，甚至深感不以為然，因為早在幼教階段我就已經買下五間房子，累積上億財富了。

當時除了教學本身，關鍵就是我開始將教學內容變成一套套的教材。每次新生幼稚園的發表會結束，都會有一群老師圍著我（很多幼教老師都從中、南部組團搭遊覽車來），希望我傳授他們幼兒音樂的教法，於是我開始將自己創作的幼兒音樂寫成教材。最早問世的系列是《幼兒音樂123》，當中涵蓋了生活化的唱遊兒歌、音符的認識、節拍的練習，因應市場需求，後續也創作出以小學生為主的《兒童音樂123》。

第二個系列是《歌劇集》，除了兒歌以外，我依據歌詞的內容為各個角色撰寫台詞，讓孩子快樂參與，也很適合作為幼稚園的畢業公演。同時為了避免有孩子被明星化、有孩子被邊緣化（如同小學時我被老師剝奪上台機會），我還特別在序言提醒老師們，要注意到機會平等的問題。

第三個系列是《*TADPOLE MUSIC*》，這個系列主打「用音樂學英語」，像是“T、T、T、T，Train、Train 、Train”

這樣的唱法，教材中還搭配精美的插畫，旁邊註明英文單字，孩子也可當成英語教材繪本來讀。

我還記得第一套教材推出後，首次發表會是辦在台北市一所國小，前一晚有個緊急事件發生，差點讓發表會辦不成。起因是一些在國小附近的流動型攤商，事先得知我要辦音樂教材發表會，便打電話給我說想到會場擺攤做生意。我考量這是不收費的活動，也不希望失焦，就拒絕他們的提議，沒想到他們因此翻臉，放話說要到發表會作亂。

我趕緊將這個消息告知國小的校長，對方嚇得要我明天不要去辦了，免得危害到學校的安寧……。就在發表會前一晚，校長拒絕出借場地；問題是所有的邀請函都已經廣發出去了，這事非同小可啊！我緊急向黃長老求助，她帶著我一起在新生教會地下室迫切禱告，求神挪開前方的攔阻。

禱告過程中，黃長老看到我的背後有一道光，還站著一個天使保護我，當下她就知道發表會一定辦得成，告訴我不用害怕。果不其然，接近凌晨十二點，我接到校長的來電，他說已經向當地警局備案，所以明天我可以如期去辦音樂發表會。我到現在都還記得當下的驚喜和感動，事情突然出現轉機，也真的只能用神蹟來解釋。經過那次經驗，我就把黃長老視為重要的屬靈夥伴，只要是神透過她說的話，我都會認真看待，並尋求經文的確據。

隨著第一場音樂教材發表會掀起轟動，我又陸續在全台各地舉辦發表會，推出各系列教材。

其中有一場發表會是在台中市文化中心，之後因為報名人數越來越多就改在中山堂。幾乎每場發表會都湧入上千人，最遠還有人從屏東過來，我也因此被冠上了「幼兒音樂之母」的名號。

現在透過幾張老照片，還能一窺我當年身穿紅色飄逸洋裝、腳踩高跟鞋，在台上伸展肢體示範唱遊動作的樣子。每每看到自己當時散發的耀眼光彩，以及陶醉其中的自信神情，我都會深深感謝神賦予的恩賜，以及為我開的這條路。

更令我感到欣慰的是，幾乎每場發表會爸爸媽媽都會坐在台下觀賞，見證我的榮耀時刻。那年代的父母難得稱讚小孩，爸爸見我的幼教事業越做越大，曾罕見地開口稱讚我說：「Yoshiko，妳不錯喔！想不到妳會做得那麼成功。」聽到的那一刻，我所有的努力都值得了。

在積極推出音樂教材的同時，我也成立了「吳美雲音樂教學中心」，對外招考幼教音樂老師。前來應考的老師都是音樂系畢業，有一定的專業底子，但缺乏教小朋友的經驗，所以必須先接受一定時數的培訓，再被派至各園所教學。

為了維持老師的素質，以及她們對最新教材的掌握度，每隔一段時間還要回中心接受在職訓練。至於收入的拆帳方式，因為是由「吳美雲音樂教學中心」跟幼稚園簽約，所以跟老師的鐘點費是採抽成制。

在我嚴謹的教學把關下，即使當時陸續有其他音樂體系成立，「吳美雲音樂教學中心」仍在幼教界佔有難以撼動的一席之地。隨著旗下老師人數的增加，以及園方穩定向我們訂購教材和樂器，音樂中心的營收也越來越可觀。

若是園方購買樂器的預算有限，我們也會提供替代方案，教他們使用「克難樂器」。像是把垃圾桶翻過來，拿筷子當鼓棒，就可以敲出鼓聲，而且大垃圾桶和小垃圾桶，敲打或拍打出來的聲音又不一樣，藉此讓孩子學習辨識節奏強弱和音色的不同，孩子和園方的反應都很不錯。

對於當時幼教事業的高峰，素雲也記憶猶新。她還記得，當時跟其他姊妹一起在中山堂門口坐鎮，幫忙賣音樂教材、CD和錄影帶，生意好到她們三個人都忙不過來，收到的現金很快就塞滿一個布袋。其他的家族成員也有幾位在我的音樂中心幫忙，像弟弟榮欣，當時就是負責開發與各幼稚園的合作。

我當時在全台幼教界的知名程度，連自己都難以想像，但最有感的就是，後來做讚美操，我不只一次被成員們認出來；素雲在台中的公園帶讚美操時也曾遇過，有成員聽聞我的名字，便驚訝地問：「她不就是那位很有名的幼教音樂吳老師嗎？」

曾經有人幫我估算，以一百位老師來說，全台幾乎每天都有近五萬名的小孩，在上「吳美雲音樂教學中心」的課。

同時因為我的創新，也將台灣的幼教水準拉升到一定程度。這也就是為什麼經營幼教事業十多年後，我突然選擇急流勇退，引發業界一片嘩然。很多人都在猜吳美雲發生了什麼事？為什麼會在事業做得有聲有色、日進斗金的時刻，毅然決然拋下台灣的一切……。

實際上，我自己也始料未及。只能說，神為我預備的人生劇本，情節實在難以預料，而且充滿轉折！

10

重返美國到神的國度

故事的轉折點，源自於黃長老的一番話。

一日，我和她及兩位好友在餐廳吃飯，一位是修女、一位是佛教徒。聊天過程中，黃長老再次有感而發地提醒我：「吳美雲，妳做幼教做到現在，名有了、利也有了，上帝給妳這樣的機會，妳應該要好好地傳福音……」

「如何透過幼教音樂事業來傳福音呢？」我問。

於是黃長老介紹我一位在美國紐澤西州開辦神學院的楊摩西牧師，鼓勵我跟先生一起赴美進修。對於黃長老的意見，在座的兩位好友也深表認同。飯局結束之後，我就開始認真禱告。當時神給我的經文有三段，主要的一段是：

「……我要再建立你，你就被建立；你必再以擊鼓為美，與歡樂的人一同跳舞而出。」(《耶利米書》31章4節）藉此我清楚接收到，神要再建立我的旨意。

其餘兩段經文則是跟「摩西回應神的呼召」及「耶穌離開門徒」的故事有關，讓我明白到，神是要指示我放下一切，去回應祂的呼召。我是個很順服的人，一旦有了經文的確據，很快我和先生就打包行李，重返美國過新生活，音樂中心就交給弟弟榮欣去經營。

移居過程曾發生一個小插曲，就是我將很多政府及各機關頒發給我的獎狀、獎牌，全部裝成一箱，打算帶去美國的家好好掛起來，以便隨時回味在幼教界的輝煌紀錄。萬萬沒想到，這一箱物品卻在運送過程中遺失了！或者更有可能的原因是，我們被騙了，付了運送費東西卻在半路被丟包。

我一度為此感到難過不已，覺得自己好像遺失掉生命中很多重要的肯定；後來黃長老告訴我，這代表上帝不要我去紀念那些世上的成就。聽她這麼說，讓我釋懷許多，也使我更加儆醒，不要把世上的成就以及世人的肯定當成「偶像」，愛那些勝過於愛神。經過這樣的心理調適，我開始將生命重新聚焦在神的身上。

當時就讀的是紐澤西神學院，由楊摩西牧師創立，師資群有中國人也有外國人。上外國老師的課，我常常聽得一知半解，多虧有Seiichi解釋給我聽，並且幫忙搞定英文作業，學習壓力才不至於太大。

而且與就讀台神時期的心境不同，這次的求學心態比較順其自然，單純只是想充實自己來服事上帝，有沒有取得碩士學歷，對於我的下一步沒什麼影響。從神學造就的角度來說，我確實在紐澤西神學院收穫較多（台神時期比較著重術科能力），並向楊摩西牧師學到許多講道的專業能力。

至於生活的安頓，我們用現金在當地買了一間獨棟房子，加上在台北有三間房子出租，著實不用再為錢煩惱。對比我第一次到美國生活的經驗，感受真的是截然不同，生活品質也相去甚遠。財富自由了，我才總算在美國這個號稱自由的國度，體驗到真正的自由，並享受內心的那份悠然自在。

我們在紐澤西的房子，完全符合我想像中的美國居住環境——寬敞的獨棟建築、加上美麗的庭院。而且因為坐落在半山腰，有時窗外還會飄來一片雲和飛來各色的鳥兒，景色美到令人讚嘆。

讚美操第二集第一首「舉雙手讚美神」，歌詞意境就是在形容我當時的心境。我還記得，當時為了要定期維護庭院的美輪美奐，每年都要花一筆錢去買花重種，有次台灣朋友到我們家來，也忍不住大讚說：「你們家比陽明山更漂亮。」

走進屋子裡，原屋主在玄關設計一面大鏡子，我常常在鏡子前一邊唱歌、一邊跳舞，全然投入在音樂和肢體的律動。Seiichi則是在家的另一頭聽著古典樂，沉浸在浩瀚書海中。這樣的平淡日常，對有些人來說可能無趣。但走過戰爭洗禮的人應當都能體會，單單只是「平安度日」，已經是彌足珍貴的生存自由！

在我初中以前，空襲不斷，常常一天要躲好幾次防空洞，一躲就是兩、三個小時，避難時要帶著糧食和尿桶。我的爸爸也曾經被砲彈從背後掃過，彰化家的透天厝屋頂還因此被炸出一個洞。至於砲彈炸到火車站，導致車廂起火，造成嚴重死傷，在當時更是時有所聞。我以為這樣的經驗已經夠恐怖，直到認識Seiichi，才知道什麼叫更恐怖，因為他所經歷過的戰爭威脅和政治肅殺，遠比我來得多。

曾聽他說，早年在台大求學時，同學們早上醒來第一件事情，就是跑去學校公佈欄查看又有誰的名字被劃掉了，因為代表那人已經在前一天被處決，但沒有人知道罪名是什麼。每天活在這樣的生存威脅中，很多學霸級的台大生都希望畢業後能赴美進修；但那年代想到美國留學不是靠托福成績就可以，還要家中能出示土地證明跟一筆鉅額保證金。

Seiichi他們家是大地主，爸爸生前都是騎馬到處收租，加上他本身非常上進，娶妻生子之後，便隻身前往美國進修，隨後再把妻小接去。那時能夠順利移民美國的人，多半是抱著一去不回頭的心理準備。一來是，無法預測台灣的政治情勢是否會好轉；二來是，長年在美國落地生根、成家立業，也很難返台重新開始。但對他們來說，無論在美國住多久，始終是故鄉的月比較圓。

我和Seiichi在紐澤西當地的華人教會，結識了一群台大畢業的校友，大家聚在一起時，最常唱的歌就是「黃昏的故鄉」：

「叫著我，叫著我，黃昏的故鄉不時地叫我，叫我這個苦命的身軀，流浪的人無厝的渡鳥。孤單若來到異鄉，不時也會念家鄉，今日又是會聽見著喔～親像塊叫我的……」

如今，近三十年過去了，當時一起唱這歌的友人們大多已經作古，葬身在異鄉。陪伴我身旁的另一半，也在幾年前過世，回歸台灣土地。唯獨我，還守著這段在紐澤西的回憶，遙想當時生活無虞的大家，在異鄉的彼此扶持，以及說好要一起遍遊歐洲的約定。

那樣的生命風景，此刻想來仍覺得特別美好，也是我人生中最懷念的十年光景。持有美國護照以及從美國出境帶來的旅遊便利，更是當時留在台灣無法享有的另類自由。

二度旅美的日子，對我之所以意義重大，還有一個原因就是，許多讚美操歌曲的雛形，就是這個時期誕生的。當時創作的每一首歌，背後都記錄著一段心情故事，亦是神在當下給予我的安慰或勉勵，藉此帶領我走過心靈幽谷。最具代表性的歌曲之一，就是後來收錄在第五集第八首的「以基督的心為心」。

這首歌的歌詞取自聖經《腓立比書》2章3-5節。創作背景是我和Seiichi在紐澤西神學院介紹的一所教會聚會，偶爾會將我寫的歌提供給教會，讓他們在禱告會時帶老人會友們一起唱，也得到不少迴響。

沒想到某日，牧師突然跟我說：「吳美雲，對不起，我們以後不唱妳寫來的歌了。」原因是教會一位從康乃爾大學畢業的指揮，他認為我寫的歌沒有內涵，難登大雅之堂，便威脅牧師若再繼續唱我寫的歌，他就不指揮了。當下，我狀似輕鬆地回答牧師：「好啊！不唱就不唱。」一回到家便哭得肝腸寸斷，不斷問上帝：「我寫的歌真的那麼沒品質嗎？」在那之後，有好一段時間我都不再創作了。

直到有天晚上讀經，上帝提醒我要「看別人比自己強」，我的內心頓時得到啟發和安慰，也體會到唯有存謙卑的心、不與人爭，加上一顆願意順服神的心，方能在推廣福音事工的這條路上，長久走下去。「以基督的心為心」這首歌，就是在這樣的心境下問世的。

後來回台灣推廣讚美操，過程中受到的羞辱更大、更多，我都是用這首歌來自我打氣，並且在哭完之後，繼續順服神的帶領，才有辦法走到今天。

這就是為什麼 Seiichi的追思會當天，葉啟祥牧師會說：「吳美雲能將讚美操推廣得這麼成功，正是因為她總是看別人比自己強，又順服神，所以無論遇到再大的挫折，心裡都過得去！」確實，人生行至近九旬，「看別人比自己強又順服神」，已經被我奉為座右銘。

回首來時路，也慶幸年輕時選擇了相信上帝，我的人生腳本才得以一路改寫和翻新 —— 從醜小鴨變天鵝，從幼教音樂之母晉升為「讚美操媽媽」。

來吧！讓我們一起為神國事工和身心靈健康，動滋動滋動吧！

【點播二之1】舉雙手讚美神

【點播五之8】以基督的心為心

點播二之 1　點播五之 8

11

從幼兒音樂之母到讚美操媽媽

沒有昨日的幼教，就不會有今日的讚美操！

以往我時常會把「讚美操」比喻成「老教」，笑稱自己年輕的時候做幼教，老的時候做老教，因為台語說「老人囝仔」，帶老人的方式就像帶小孩，只要釋放童心，用真誠和豐富的肢體語言來歡樂帶動，老人照樣能宛如孩子般開心唱遊。

無論是做幼教還是老教，我相信都是神預定的使命，所以早在我認識祂以前，祂就給我做這些事情需要的特質和恩賜，使我游刃有餘，也很自然地就從中脫穎而出成為領導者。

比方說，當幼教音樂老師時，同樣在教唱一首兒歌，歌詞是「花、花，美麗的花。蝶、蝶，美麗的蝶。花美麗、蝶美麗，是誰美麗……」我的動作就沒那麼制式化，不是唱到「花」就一定要比出花朵的樣子，我會依照整首歌的旋律感來自創動作，避免一成不變。

而且大部分的時候，在幼稚園教音樂班，我都是使用自己創作的兒歌居多。以當時出版的兒歌音樂集來說，總計已創作出上百首的兒歌，有一些至今都還在被傳唱，也有政府單位使用我的創作素材。

有了自創的音樂教材和教學法，我開始把幼教音樂教學從個人轉向「企業化」，這個商業模式，讓「吳美雲音樂教學中心」既可賺取老師的培訓費和鐘點費抽成，教材和樂器也得以大量販售，營收不斷攀新高。所謂的「吳美雲幼兒音樂教學法」，後來被一位幼教系碩士班學生寫成畢業論文；早年師專還沒有幼兒音樂系，他們也曾經聘我到幼教科開班授課。

以前的唱遊課都是老師彈風琴帶學生唱兒歌，我則是運用過往經驗，將笛子、口琴、口風琴等樂器與唱遊結合，同時教一些簡單的樂理，這些都是當時幼稚園老師缺乏的訓練，所以課程很受到學生們歡迎，我也盡量傾囊相授。

曾經有一位師專老師好心跟我說，有東西要慢慢教，不要一次教完，不然以後就沒東西教，我笑著指自己的腦袋瓜，對他說：「東西都在這裡！」意思就是上帝要用我，自然會給我源源不絕的靈感，不用擔心枯竭。

還有一件趣事是，有次Seiichi幫我提著兩大袋教科書到學校，我緩緩地走在後頭。當他獨自踏進教室時，「YA！」教室裡的女同學們揚起一陣歡呼聲，說：「終於有男老師了！」接著，看到我走進教室、Seiichi轉身離開，大家又轉為一陣哀號，發現是空歡喜一場。

在我的音樂教學中心裡，Seiichi也很受到幼教音樂老師們的歡迎，常常挽著他的手，左一聲「師丈」、右一聲「師丈」的，逗得他笑開懷。而我逕自走在後頭，心裡也不會吃醋，因為了解他的正派個性。其實我很清楚，在我幼教事業如日中天的那段日子裡，Seiichi的心裡也有很多的委屈和不容易。

我獨自回台的三個月後，他就辦理留職停薪跟著回來，之後為了成全我的幼教事業，他還辭掉美國的工作，回到台灣一所私立大學教日文，其餘時間則是輔助我的事業。

一個擁有高學歷且領有美國綠卡的男人，明明可以在美國過上令人稱羨的理想生活，卻要在台灣被人調侃說老婆比自己會賺錢，心裡必然難以調適，所以偶爾他會去找黃梅珍長老尋求代禱。

後來黃長老告訴我，一個成功的女人不能只是事業成功，婚姻也要成功，加上她也提醒我，錢賺夠了，應該要開始為神傳福音。在禱告得到神的確據後，我們夫妻就攜手到美國就讀神學院。

為了赴美進修，將賺錢的事業拱手讓人，很多人都替我感到惋惜，甚至覺得這個決定很傻。我不否認從屬世的角度來看，確實如此，但從屬靈的角度來思考，那就未必了。在上帝的劇本中，幼教是祂用來操練我的能力，以及累積讚美操所需資產的前哨站，階段性的目標一旦達成，我就應當要往前走，才不會耽誤神的計畫。基於這個原因，放下那些屬世的榮耀就不足為惜了！

換句話說，即使人生從來一次，站在抉擇的當口，我還是會做出相同決定 —— 放下台灣的幼教事業，朝向神所預備的下一步前進。有了幼教經驗在先，後來再做讚美操，對我來說變得容易許多，因為歌曲創作都是出於上帝的靈感，組織的運作概念也雷同，差別只是教學的對象從小朋友變成「老」朋友。

藉由下列的兩相對照就可以清楚看出，幼教經驗在讚美操事工上的延續：

創作兒歌	→	創作詩歌
發想肢體律動	→	發想身體動作
銷售教材和樂器	→	銷售教材和制服
開發各園所	→	開發各教會

整體來說，教孩子音樂律動時，主要就是帶他們用身體打節拍，或是放一首音樂，讓孩子走路，隨著音樂的節奏走快、走慢，走三拍、走兩拍，用身體去體會節奏。我後來教讚美操，看似在做操，其實也是在跳舞，所以會教大家如何用身體來感受音樂節奏。

幼教和讚美操，唯獨有一個最大的差別就是，「幼教事業」對我來說是賺錢的平台，「讚美操事工」則是一個傳福音的平台，兩者的設立目的截然不同。若是沒有先在幼教賺到錢、買到房子，讚美操事工可能推動到一半就夭折了。據說在我之前曾有人做類似的事工，後來因為沒錢而喊卡，所以神既揀選我做讚美操，就先讓我透過幼教事業賺夠本，之後才有錢投入讚美操事工。

做了讚美操之後，雖然藉著制服和CD教材的銷售，漸漸有一些進帳，但基於這是個傳福音的事工，收來的錢照樣都是用在讚美操的推動。大家可能很難想像做讚美操有多花錢。曾經有跟我一起跳讚美操的成員，以為做讚美操很容易，自己自立門戶，結果做沒多久就收了。

我在錄製和拍攝讚美操的教學影片時，通常不會先去想這些錢砸下去會不會賺錢，而是想說只要這些錢砸下去有用處，我就去做，所以讚美操的品質才能越來越受到肯定。這就像當年在錄製幼教音樂錄影帶，我找的是像史擷詠（歿）這樣的專業音樂人才，需要鼓聲就找來一群小孩打鼓，NG

了就再重來，錢也燒得很快。所以當時很多合作過的錄音師都笑說我很傻，常常在做不划算的事情。

總之，無論是幼教還是讚美操，我都是個順服的人，神要我往哪裡去，我就會往那裡去。人生的精采故事，也因此得以不斷寫下去。

【家人連線——妹妹吳素雲】

我在家中排行第四，跟三姊很親，也因為我們兩個的體型差不多，上班時期，衣服常常會交換穿。

當初她說要嫁到美國，我們去機場送機都哭到不行，非常捨不得。她久久打一次越洋電話回來，我們都搶著要跟她講話，每次電話的兩頭都講到哭。那時候常聽她說，在美國過得很辛苦也很孤單，只能邊彈琴邊想念家人，幸好姊夫對她很好，當初去美國也有帶一筆錢在身邊，日子才過得去。

後來她回來台灣發展幼教，我在台中省政府教育廳任職，常會幫她辦理一些像是文化中心的租借程序。發表會當天，我跟其他姊妹會一起站在櫃台，當時大家爭相買她創作的CD和錄影帶，人潮洶湧塞滿櫃台。

有次發表會結束，三姊還租了一台遊覽車，載著三十幾位老師到我們家作客，爸爸媽媽看了好高興。姊妹們都覺得，她是我們當中最像爸爸的，台風穩健、意志力強，又樂於助人。

在我眼中的三姊，則是一個很厲害、很有能力的人，所以我常開玩笑說，上帝揀選到她，真的就像是台語說的「撿塗豆仁撿到仁仁仁」（意指挑花生豆挑到最飽滿結實的一粒）。

我是八十歲才信主，但從六十二歲就開始跳讚美操。剛退休時，我住在台中，三姊就買一台收音機讓我到台中美術館開闢讚美操據點。一開始只有四、五個人在跳，發展到後來已經變成四、五十個人的團隊。雖然那時候還不是基督徒，但我的感覺是，只要有認真跳就能感覺上帝同在。每次跳完讚美操，團隊中的基督徒會帶我們禱告，身為團長的我，也會祈求上帝：「祝福我們這一團的大家能夠有歡喜心、身體健康、心情快樂，阿們！」

先生過世後，我搬到台北與兒子同住，讚美操團隊就交棒給種子老師。現在每隔兩、三天我就會到讚美操總部跟三姊聊天、吃飯。

前幾年，三姊的健康出狀況，我放心不下，直接搬去她家同住一段時間，經常半夜帶她掛急診，最後連我自己也累垮……但，這就是我們的姊妹情深。也感謝神的恩典，歷經生死交關之後，看到三姊重新恢復健康，繼續帶領讚美操事工往前走，我非常欣慰，並且相信神必看顧和祝福！

【家人連線 —— 弟弟吳榮欣】

我和三姊相差七歲。從小到大，三姊始終都對我照顧有加！

兒時，她揹我躲空襲；初中，她帶我去考試；求學期間沒有錢，她會主動給我錢花用，讓我在學校可以當老大；畢業後需要一份工作，她引薦我進小學一起當代理老師。三姊雖然只是代理老師，在學校卻很有名，因為她教學很活潑，學生都很喜歡上她的課；代表學校舉辦的一場教學觀摩會，在當時也造成轟動。

有段時間學校老師流行打乒乓球，我常跟她一較高下。那年頭鄉下地方都是泥土地居多，籃球和網球是有錢人專屬的消遣，因為需要借水泥場地，我們沒錢就打乒乓球，所以那時常自嘲說：「我們打小球，人家打大球。」

後來三姊上台北發展，得知她要放下正職老師工作去讀神學院，我曾經唸她是不是頭殼壞掉，畢竟那時候我還不是基督徒，很難理解這樣的選擇。

畢業後她考進YAMAHA，有次我去音樂教室找她，正好看見一位女老師在教鋼琴的畫面，一節課五十分鐘都是笑嘻嘻的、不生氣，當下我就心想，這個女孩子應該很會教小孩，娶回家當老婆就穩當了！心動了我就馬上行動，趕緊請三姊牽線讓我們認識。那位女孩就是麗珠，在順利與她交往幾個月之後，我就如願以償把她娶回家當老婆。

至於三姊自身的婚姻大事，那時候就曾聽她說過，希望嫁給高學歷的「讀書人」，所以即使有不少追求者，她也不曾心動。後來經人介紹認識了三姊夫，起初我不太認同她的選擇，直到聽一位扶輪社朋友說，三姊夫去美國留學之前，曾在一家銀行的放款部門工作，是個做事一板一眼、不收紅包也不走後門的人，我就明白三姊會被他吸引的原因了。

三姊嫁到美國後，正好碰上美國與台灣斷交，她有問過我們要不要移民，當時我拒絕了。但這顯示三姊無論到了哪裡，心裡都掛念著我們這些家人。後來在新北市蘆洲區買房子，也不忘留一戶讓我們住，與她一起共食也一起共老。三姊是個廚藝很厲害的人，早期我們在老家過年時，她可以一手包辦整桌菜。只是後來年紀大了，工作也忙，就由外傭負責煮三餐。

無論是在生活或者工作層面，我最佩服三姊的就是她做什麼都很認真、很有拚勁，所以一路以來我和麗珠以及兩個孩子（本健、靜玫），也會盡量在讚美操事工擺上，藉此表達我們對她的愛和支持，也謝謝她這麼照顧我們。

PART 2

望

福音盼望，用讚美操走入人群

01

最美的屬靈印記

讚美操，已成為我生命中最美的屬靈印記！

有句話說：「人生七十才開始。」六十八歲從美國搬回台灣，開始了讚美操的事工，醞釀了兩年的時間，在我七十歲的時候，開始有系統地推動讚美操。

經過先前在美國生活十幾年的滋養，我已經累積非常多首「讚美操詞曲」的創作手稿。決定回台灣養老之後，短短兩個月，我就把在美國紐澤西的房子賣掉，也把台灣位於龍江路的三間房子收回，整理後正式入住。

二〇〇一年要賣房子時，正逢美國遭遇911攻擊事件不久，身旁朋友都說時機這麼差，怎麼可能賣得出去？結果，才一天就賣出去了！賣出去之後，美國買家希望房子淨空，不留一件家具，我又馬上開放當地教會的會友來免費取用，只有一部陪伴我十年的鋼琴是便宜賣掉的。

後來的日子裡，偶爾還是會想起那棟美麗的房子、那部心愛的鋼琴，還有那十年生活的美好點滴，但比起緬懷過去，我更是一個展望未來的人。若要說有什麼遺憾，大概就是沒能在爸媽在世時（那時他們已經年邁了），接他們到美國看看我過的生活。在我搬回台灣之前，爸爸已經過世，媽媽也在我回台不久後過世。

我們在台灣第一個落腳處就是自己的房子，熟悉感仍在，只是習慣了美國住家的靜謐，返台初期，對於住家的吵雜有些不適應。 最明顯就是深夜時分，大卡車轟隆轟隆地行駛而過，加上一樓是開超商，音樂開得很大聲，我常常半夜被吵醒，凌晨三點就起來坐在客廳。有次實在受不了，還下樓請他們音樂轉小聲一點，但沒什麼效果，後來也就漸漸接受了。

龍江路的這間房子對我確實意義深遠。剛買時將三戶打通，用來當「吳美雲音樂教學中心」使用；二度旅美後，出租給一家公司當辦公室。現在收回自住，我和Seiichi住不到一百多坪，就常常免費接待海外牧者，以此服事上帝。

因著地利之便，讚美操的第一個發源地，就是在住家對面的「榮星花園」。後來接受媒體採訪，我都會提到最初會開始創立讚美操，起因是返台後想去公園運動，發現很多運動都跟其他信仰有關，不適合基督徒加入，所以才會興起「發展一個基督徒可以跳的舞」的念頭。

但在實際投入之前，我和榮星教會的胡美華長老，以及新生長老教會的黃梅珍長老，三個人就經常在為我接下來的服事重點做禱告，請神來指引和開路。後來決定要做讚美操（起初尚未定名），為了要取什麼名稱，我們又再經歷一段時間的禱告，把基督教常見字眼像是喜樂、感恩、恩慈、良善……等等都放進禱告，看哪個名稱比較符合神的心意。

我們每週六一起禱告，經過了一段時間，才決定取名為「感恩喜樂讚美操」。後來考量名稱太長，再把前面四個字拿掉，變成「讚美操」，簡潔有力又好記！

讚美操最大的特色，就是操中有舞、舞中有操，又可同時領受經文或正向話語的滋養。

很多人問過我，既要創作音樂又要發想動作，怎麼辦到的？我的解釋是，因為是出於神的揀選，創作的恩賜和靈感自然是從神而來。

在投入讚美操之前，無論在台灣還是美國，我在教會裡就很喜歡用詩歌來帶動唱，因此常常被一些較保守的會友笑說：「唱就唱，還那麼多動作！」有時我自己也覺得很奇怪，沒有特別學過舞蹈，但唱起歌時，這些動作靈感很自然就會跑出來，所以我才說讚美操是上帝自己的工作。

我第一次用自創詩歌來帶動唱的經驗，是在美國教會服事的時候。那時候跟台灣去的一位外省人作配搭，另外還有兩對夫妻，我們三對各有專長，每個禮拜都會去不同養老院服事，對象大多是華人。當時我六十多歲，看在養老院八十多歲老人家的眼裡，就像個小妹妹，也常會逗他們開心，所以他們都叫我「小妹妹」，沒有叫老師的。

台語說「老人小孩」，確實只要用對孩子的方法來引導年長者，通常都能夠順利帶動。當時我負責帶養老院的老人家們唱歌，曾經有個老將軍跟我說：「小妹妹，妳很了不起，我以前是發號司令的，叫人家做什麼就做什麼，現在變成我要聽妳的……」確實是這樣，我說唱他就唱，我說跳他就跳，這些作為都是後來發展讚美操的基礎。

我還記得有次臨時要帶活動，我向神禱告，祂就給我《羅馬書》8章28節的經文：「我們曉得萬事都互相效力，叫愛神的人得益處。」那時候「瑪卡蓮娜」這首歌非常夯，當我嘗試把經文跟這首歌的旋律、動作結合在一起時，發現竟出奇得搭。

隔日一早，我就將這首即興創作出來的經文歌，拿來作為老人活動的帶動唱，還讓他們分組比賽，大家玩到不亦樂乎。回台灣之後，出版讚美操音樂，這首歌「萬事互相效力」也被收錄在第一集的第六首。

另一首同樣也是在美國的創作，是第三集裡的「雅比斯禱告」。這首歌的經文取自《歷代志上》4章10節，每當我遭逢生命困境或瓶頸，這段經文是我很大的安慰和交託。尤其是當中提到「擴張我的境界」提醒了我，與其跟現況搏鬥，不如自我提升，當眼界放寬，原來的困難也就相對縮小了。

也因為體悟到人生本是充滿苦難，在這首歌的前奏，我編出了一個「石磨」的動作，諧音正好對應到「折磨」。鼓勵大家一邊跳這個動作，一邊回顧人生從年輕到老的辛勞，以及如何在苦難中靠主得勝。這個動作只要做到位，除了可帶動手臂關節和肩關節，腰部也同時運動到。

在這裡會跟大家分享這首歌，主要也是因為感觸良多。投身讚美操事工之後，一路面臨大小紛爭不斷，為了顧全事工的推動，常常必須放下「小我」的委屈，接受屬靈操練，藉此被神擴張境界。正因為我願意被神擴張境界，讚美操事工才能在今天，大大地被神提升和使用。

讚美操、神設立！期許我們都能一起在跳操的過程中，透過領受神的話語，變成一個越來越被神擴張的人！

【點播一之6】萬事互相效力

【同場加映1】「萬事互相效力」屬靈意義與動作講解

【點播三之4】雅比斯禱告

【同場加映2】「雅比斯禱告」屬靈意義與動作講解

點播一之 6　同場加映 1　點播三之 4　同場加映 2

02

從鄰家的公園出發

推動讚美操事工的過程中，最難的不是創作本身，而是要不斷不斷地與人溝通協調，解決發生或可能發生的衝突或不愉快。

在公園找地方跳讚美操，這件事情聽來稀鬆平常，我原先也是這樣以為的。直到實際踏進去才知道，公園看似為公共領域，其實搶地盤搶得很嚴重。

讚美操的第一個據點是在「榮星花園」。那裡是跳操的一級戰區，早就被二、三十個團體佔據，我們只能在夾縫中生存，哪裡有空地就擠著用，但即使如此還是免不了被其他團體驅趕，堅持主張那是他們佔好的位置。基於人和，也考量我們是基督徒，不好去跟人家吵架，我都會笑笑地說：「歹勢！歹勢！」然後再稍稍轉移陣地。

另一種常被敵視的情況是，被罵說讚美操音樂壓過他們的音樂聲音。對於這種情況，我也是展現一貫的接納態度，不與人爭，然後把音樂調小聲一點（但實際上並沒有小聲多少）。

我還記得有一個團體帶領者，長期都在找我們麻煩，有天他們的團體解散，他才跑過來向我道歉，並且稱讚說：「吳老師，我從來沒有看過有人像妳這樣，一直被我罵，還是表現得這麼柔和、這麼接納，不曾惡言回過一句話。」

那一刻我便知道，已經為讚美操事工做了好見證。這就是為什麼，每當有學員或團長向我抱怨說，在哪裡又被趕或是被罵，我都會勉勵他們不要跟其他團隊吵架，說句「歹勢！」就好。根據過往經驗顯示，上帝要成就一個團隊，自然會慢慢為這個團體開路的。

後來到大安森林公園開拓，起初照樣被趕來趕去，今天在這個角落，明天變成在另一個角落，學員們常常為了互相找來找去，像在捉迷藏一樣，浪費掉很多時間。

有次，神帶領一位學員發現大安森林公園的一棵老樹下可作為據點，我看範圍大小應該夠用，問題是樹的根系凹凸不平，學員容易被絆倒，經過一番協調，總算請人載土把它鋪平，讓我們也擁有自己的跳操基地。繼「榮星花園」、「大安森林公園」之後，我又親自開拓了國父紀念館、天母公園，總計四個指標性地點。

那時候採取的拓點策略是，只要一個據點從三、五個人增長到二、三十個人，我就會交棒給種子老師當團長，自己帶幾位核心學員轉戰下一個據點。等到下一個據點又增長到三十人，我又交棒給起初的核心學員。

印度的克安通牧師，曾在為我按頭禱告時說：「凡是與妳作同工的，都將成為領袖。」確實也是如此。例如，最早跟我一起拓點的讚美操學員，我交棒後，她們就成了那一團的領袖；平日在教會教讚美操，也算是領袖。

帶領她們拓點的過程，我也在用身教傳達接納的態度——接納那些對我們有敵意的團體，同時也在團隊內學會彼此接納。

多數來跳讚美操的人都是到了退休年紀，有些人長年沒有運動習慣，剛接觸跳讚美操就要她能彎腰下去，確實太強人所難；再者就是讚美操這麼多舞步和動作，不熟悉的人難免會跳錯，這些都是可以理解的。當有人因為跳錯而自責，或有人覺得尷尬、丟臉，我都會用台語安慰她們說：「沒關係啦！跳不對，笑一笑就好！」對於不會跳或是還不好意思跳的人，我也會說沒關係，先聽詩歌就好。

常言道：「良言一句三冬暖」，《箴言》25章11節也提到：「一句話說得合宜，就如金蘋果在銀網子裡。」這觀念在讚美操團隊裡尤其重要。

為什麼我會強調讚美操不只是一個運動，更是用來服事神的事工？因為大家在跳操贏得健康的同時，也做到了被神的話語滋養，進而彼此關懷、交流和互動，甚至用生命影響生命。因此，福音才能傳揚出去，讓未信主的人學員有感動受洗成為基督徒。

讚美操的第一集第一首歌「祢的右手必扶持我」，我在屬靈意義的講解影片中，曾經分享一個真實案例，當事人就是榮星花園團隊的一員。

學員本身是一位太太，一家四口跟婆婆同住，每天因為要負責照顧一家老小，先生又不懂得體貼，常讓她充滿怨氣。最明顯的就是煮飯時，拿鍋碗瓢盆都會鏗鏗鏘鏘的，故意製造噪音來宣洩不滿。

加入讚美操一段時間後，她變了！婆婆注意到，她在煮飯和做家事時不僅變得安靜，有時掃地還會開心哼著：「感謝主！」先生則是不解，看到太太每天早上六點多出門，十點多回來，到底是在跳什麼操這麼吸引她？

對於在家時間變少，先生本來有些不高興，故意早起守在家門口，沒想到太太非但沒有生氣，出門前還主動給先生一個擁抱，說：「耶穌愛你！我也愛你！」回家後，面對孩子也是會主動把愛說出口，家庭關係變得越來越緊密。

經過一段時間的跳操，不只她自己決定受洗，連拿香拜拜的婆婆以及她的先生、小孩，因為看到她的改變，也都在同一天歸入主的名下。

這件事情非常激勵我，也更加確定當中有神的旨意和帶領。這就好比當初決定做讚美操，一開始不知道如何著手，就先從一些早操會有的抬手拉筋和轉身扭腰的動作開始發想。就在我面向鏡子不斷做著體操動作，神突然賜下《詩篇》139篇9-10節，讓我搭配經文「我若張開清晨的翅膀飛到地極居住……」做出拉直雙臂的動作。

接下來順著經文字句，我便自然做出一些相應的舞和操，也在這些肢體動作中感受神的同在。像是當我唱到「祢的右手也必扶持我」，手臂就往前伸出九十度，彷彿上帝就站在前面牽我的手，引導我往前走。

針對弟兄和姊妹的調性不同，操的動作也會微調。以抬手拉筋猶如翅膀舞動的動作來說，弟兄的雙腳會站得比較挺直，手臂擺動也比較有力；姊妹則建議將右腳微微放在左腳前面，雙手的擺動也放輕柔一點。

總之，開創讚美操初期，我就是像前面講的這樣，一邊拓點、一邊創作、一邊教學。在音樂和舞蹈這兩個領域，我都不是正規科班訓練出身的，但也因為這樣，反而在創作過程中，更能跟隨從神而來的引導。

一直以來，我都是先寫主旋律，再請弟媳麗珠協助編曲跟和聲的部分。麗珠是我在YAMAHA認識的培訓老師兼同事。一路走來，不管是幼教音樂或是讚美操音樂，麗珠都是我不可或缺的重要夥伴之一。感謝神的預備！

【點播一之1】祢的右手必扶持我

【同場加映】「祢的右手必扶持我」講解分享

點播一之 1　　同場加映

【屬靈夥伴 —— 鐘麗珠老師】

我一直覺得，神會安排我待在吳老師身邊，是為了讓我成為她的幫助！

從YAMAHA時期，我就對吳老師印象深刻。她非常適合教學，不僅態度優雅，講話也很溫柔和慢條斯理，不像有些老師彈琴很用力，對學生也很兇。另外就是吳老師的肢體語言很豐富，除了公司設計的唱遊，吳老師也會配合音樂，自己發展出很多活潑的動作，大幅提高小朋友對於音樂的興趣，這也是她在教學上的優勢。

古語說：「物以類聚，人以群分。」交朋友也一樣，那時候的老師當中，後來會慢慢走在一起的，通常都是個性和教學風格比較相近，我跟吳老師也是因為彼此認同，才越來越深交，最後還有緣嫁進了吳家。

在吳老師開創幼教音樂事業的階段，我還在YAMAHA任職，通常都是私底下給她一些伴奏和弦的建議，沒辦法太公開協助。而且當時幼教事業會那麼成功，就跟後來的讚美操一樣，關鍵都是在於吳老師個人的魅力和親和力。

規劃讚美操事工的初期，有一天她很開心地告訴我，想做一些可以跳操的音樂。之後看了她做的一首歌，我就說：「不錯喔！」然後再協助從樂理角度，微調一些韻律的高低轉換。

往後的創作歌曲，我主要的協助也是在於把和弦的選擇精緻化，讓整首歌在編曲之後聽起來更和諧。進到錄音室，我也會協助指導男女和聲的部分，讓吳老師可以專注去感覺每首歌的屬靈詮釋是否到位。

我現在（二〇二四年）八十歲，自六十歲開始參與讚美操事工，我慢慢從一個出身佛教家庭的人（媽媽是佛教徒、外婆去佛堂修道），變成了基督徒。之後，我的先生榮欣和兩個孩子本健、靜玫，也都陸續受洗。本健和靜玫受到三姑吳老師的影響，加上我本身是音樂老師，他們兩個從小就接觸音樂，後來也陸續投入讚美操總會的事工。

當初我會受洗，是因為被讚美操歌詞感動。每一首讚美操歌曲我都很喜歡，但在信仰上最堅固到我的信心，是第四集的「耶和華是我的牧者」，內容取自《詩篇》23篇，當中提到「**耶和華是我的牧者，我必不致缺乏……**」，讓我感受到前所未有的平安。

身為讚美操的音樂團隊成員之一，我深感榮幸，也看到吳老師的不容易。二十年來，超過一百首的讚美操歌曲，光是要從整本聖經挑出合適的經文就很不簡單，還要發想出可搭配的旋律和動作，若不是吳老師有一顆順服神的心，大概很難堅持到現在。讚美操事工可以發展到當今的國際格局，也絕非我當初所能想像；一切都印證了，吳老師是出於上帝的揀選。上帝吸引她，她就被吸引；上帝教導她，她就被教導。

期許我們都能以吳老師為榜樣，秉持著一顆願意被神使用且順服的心！

【點播四之4】耶和華是我的牧者

點播四之4

03

搭小黃，往全台邁進

讚美操能有今天的成績，除了是出於神的設立，也是因為在推動的過程中，神早就預備一群人默默陪著我走。有的是我的專業協助者、有的則是當我的精神啦啦隊。先生Seiichi就是我在開創讚美操初期，非常重要的心靈支柱。

那時為了讓更多人認識讚美操，他常常陪我坐車跑遍中南部的教會，當時我刻意選比較鄉下的教會，是因為猜想他們的資源可能比較不足，也許對我的接納度會比較高，沒想到效果有限。

有段時間我會花一天兩千塊，僱一台小黃計程車載我和Seiichi到中南部做陌生開發。沿途看著車窗外，只要哪裡有十字架矗立，我就會拿著歌本和DVD進去做介紹，有時還會示範跳操給他們看。有的牧師看了沒什麼感動，委婉回覆說：「我們再評估看看」；有的牧師神情凝重，覺得詩歌這麼神聖，怎麼可以一邊唱、一邊比來比去。

也有教會幹部連音樂都不聽就揮揮手說：「不用介紹，大家來都嘛說自己是聖靈感動⋯⋯音樂我們自己就有了，不用！」然後急著下逐客令。

每當垂頭喪氣地回到車上，與我並肩坐在後座的Seiichi都會溫柔地拍拍我，用台語說：「沒關係，如果太辛苦我們就不要做了！」他不是鼓勵我放棄，而是怕我太委屈自己，所以他的貼心總能讓我得到安慰，以及湧現重新出發的動力。

如同傳統的業務開發模式，除了親自拜訪，我也試過跟著教會名冊一家一家打電話。接通後，開頭第一句話都是說：「您好！我叫做吳美雲，我有一些用聖經話語寫成的歌曲，再用自己發想的動作來表現，叫做讚美操，想要介紹給貴教會認識。」

若對方有興趣多聽一點，我還會分享讚美操的創立精神：「**以神的話語來潔淨心靈；以優美的音樂來提升氣質；以肢體的運動來保持健康；以口唱心合來讚美神；以心靈誠實來仰望神；以手足舞蹈來敬拜神。**」這六句話，也正是第一集歌本的封面文案。

起初這些電話都是我一個人在打，後來同樣對讚美操有感動的義工開始協助這部分。另外，像是寄送宣傳單到教會，或是將每一集的發表會海報寄給教會張貼，這些主動推廣方式我們全都嘗試過。

多方努力之下，偶有教會表示願意推廣看看，但比例少之又少，一度讓我感到很挫折，也不明白為什麼免費的讚美操，教會牧長們的接受度卻那麼低？

直到後來，聽一位牧師分享說，他們很怕有異教徒藉由這類事工，把神的道理講偏，到時候要再把會友的觀念扭轉回來就很辛苦了，所以寧可保守以對 —— 了解到這一點，才讓我比較沒那麼灰心，並告訴自己，神自有祂的時間表。

現在回想起來，除了感謝自己當初的執著和堅持，也很佩服Seiichi竟然願意陪著我到處跑，因為依照當時的經濟能力，我們夫妻倆早就可以遊山玩水、開心享福去了，何須對人低聲下氣呢？是的，一切都是為了神！

正因為如此，即使推廣時經常碰壁，我照樣自掏腰包地出錢又出力，無論是在錄音、拍攝教學影片，還是制服設計，我都期許要走向專業化，也因此砸下不少資金。

當時光是使用錄音室錄製讚美操歌曲就花了很多錢，加上要找多位的男女合聲來唱，也是一筆開銷。每次錄兩首歌，一錄就是五個鐘頭。

錄製第一集的時候，我唱了兩首歌，後來發現有些歌曲唱不上去，便改請專業的歌唱者來詮釋。他們大多出自於教會，有的本身是師母、有的是教會詩歌隊、有的是合唱團成員。

二十年來，歌唱班底難免來來去去，但錄製出來的品質越來越好，因為隨著經驗累積，我的標準自然會不斷提高。

同樣地，讚美操教學影片的拍攝方式和內容呈現，也是逐漸趨向專業且豐富。長期關注讚美操教學影片的人就知道，每一集的第一首歌至少都有五十個人跳，為了挑出合適且時間搭配得上的學員，我們固定在總會團練，練到差不多了就會進到拍攝階段。

照慣例，每首歌都會有室內和戶外兩個版本，室內拍攝比較單純，空間夠大就好；戶外景點的評估就比較費時費力，必須吻合該首歌的氣勢或風格。

一般來說，我會先跟游導（游任翔導演）率領的拍攝團隊開會，分享那首歌的型態和屬靈意義，以及希望呈現出什麼感覺之後，游導就會提供很多戶外場景供我挑選，挑不到適合的就請人再重新找。

這些場景有時在海邊、有時在山上，有時在台北、有時在更北的基隆或東部宜蘭，往南最遠曾經去到高雄。那時候會考慮去高雄，也是因為有老師表達想參與拍攝，我們就不計成本地帶著大隊人馬一起南下高雄。

無論在哪裡拍攝，一次要號召那麼多學員到場已經非常不容易，拍攝過程中，基於示範的正確性和畫面的美感，還要盡量確保學員們的動作和諧，那是難上加難。

以往的剪接設備沒有現在好，有人跳錯就得要重錄——現在可以用剪接軟體把錯誤避掉——光是這部分的成本就差距很大，但即使如此，每一集的拍攝成本仍動輒兩、三百萬。

第一集到第八集，我都有在影片中示範跳操；第九集之後因健康因素，我照樣會到場，只是變成在旁指導，協助確認動作和隊形有沒有到位。後來游導建議我，可以象徵性地擺出一個讚美操動作，作為每一首歌的小片頭，藉此讓學員們感受到我的同在和陪伴。

游導是妹妹素雲的兒子，我的侄子，畢業於美國的電影系所，早年在知名廣告製作公司任職，最初是用業餘時間協助做教學影片拍攝。近年隨著網路自媒體的蓬勃，我就邀請他正式加入團隊，為總會YT頻道製作豐富的影音內容，也紀錄更多動人的讚美操見證，讓大家能看見。

他的太太施施（施悅靖同工），原先的工作是服裝設計，同樣也是在讚美操初期就默默參與其中。近年，施施也全職投身在讚美操總會，制服發包這部分全權交由她負責。為了讓大家穿到外型好看且質感舒適的制服，她排除萬難付出很多努力，以達成我給的不可能任務。

很多人都對讚美操的制服讚譽有加，問我當初的設計靈感是怎麼來的？這要分成兩個部分來說。

第一是制服款式。靈感來自早年在榮星花園跳操，看到黃梅珍長老穿著類似的服裝顏色，當下我就覺得這三個顏色很搭也很有特色，加上有很多學員建議做讚美操制服，我就以此為發想。

第二是讚美操LOGO。當初是請一位政大博士班學生設計，起初他怎麼畫都是扣著十字架意象，宗教意涵太明顯。我考量讚美操做的是福音預工，若在公園太高舉十字架，可能會造成非基督徒的抗拒，所以請他做了一些修改。

幾經溝通，最後選定現在這個長得像「八分音符」的圖案，搭配右下方的讚美操中英文名稱。但也只是乍看很像，實則差異頗大，讚美操LOGO的意義，是單純的八分音符所無法比擬。

我在一部「為什麼要穿讚美操制服？」的影片中，曾說明制服的內涵：

藍天：神的寶座

綠色：神給我們的盼望

紅色：神給我們的愛

三個顏色加在一起，象徵信、望、愛穿在身上，等於是神與我們同在！

至於讚美操的LOGO，下方的圈圈如同大家同心圈在一起，代表著「合一」；中段的直桿像是我們在抬頭「仰望神」；往上揚的右邊這一撇，則是對應到「喜樂」。總的來說就是：**當我們在主裡合一且仰望神，就能靠主常常喜樂**。

《箴言》17章22節說：「喜樂的心乃是良藥，憂傷的靈使骨枯乾。」我想這也就是為什麼，我常會聽到或是經由團長們轉述說，哪位學員自從跳了讚美操，整個人從原先的憂鬱狀態變得開朗起來！真的是感謝讚美主！

【點播一之12】靠主常喜樂

【同場加映】為什麼要穿讚美操制服呢？

點播一之 12

同場加映

【屬靈夥伴 —— 游任翔導演】

我本身是學電影製作，最早從廣告圈起家，專門拍攝商業廣告。吳老師開始做第一集的讚美操，需要拍攝教學DVD，我就運用職場人脈組成一個拍攝團隊，進行拍攝。

剛開始預算很有限，以室內拍攝為主，前四集的室內景都是在吳老師龍江路的家。雖然三戶打通有一百多坪，但畢竟是住家兼辦公室，當時攝影機又大台，移動拍攝時常會碰撞到周遭家具，空間也只能容納四、五個人跳，頗為克難。

第五集之後就是租借白底背景的專業攝影棚，而且相較於前四集是SD規格，第五集已提升到HD，甚至是4K的拍攝。

現在上傳總會YT頻道的影片規格就是HD，雖然DVD的影片解析度最高只能到SD，我們照樣採用HD規格拍攝，希望大家可以看到美麗的景緻以及擁有好的視覺饗宴。

這就好像在拍MV一樣，吳老師會把她對一首歌的屬靈感動和想像告訴我，像是希望人多還是人少？

要大山還是大海？同時也會提供歌詞，讓我們在符合所有參與者的行程安排下，尋找對應的意境來拍。

請製片勘景時，我會要求對方先看過之前的影片，才會更清楚我們想如何呈現。但現在找景點越來越不容易，拍到第九集，在求新求變的前提下，已經很難找一個公園就開拍，加上老師的體力也無法跑太遠，所以選擇相對有限。

回顧過往，我們曾經到過高雄小巨蛋（第七集）、宜蘭冬山河（第六集）等地取景，連台北市政府的頂樓停機坪也申請借用過（第九集）。

以戶外拍攝來說，通常一首歌會有七、八位老師同時入鏡，必須事先想好影像構圖；若有五十位老師和學員一起跳，因人數眾多加上變換隊形，就必須出動空拍機協助取景。

平均來說，拍完一集要花四個月，這包含勘景後的來回討論或重新找景點，以及實際的拍攝時間。現在都是外景拍兩天、棚內拍一天，每一首要跳四到五遍，因為難免會有人跳錯。

每一次的拍攝都是大工程，我們盡量在一個景點就拍完兩首歌。若是天氣不理想，天空灰灰暗暗的，我們會趕快拍完，事後再花錢請人用專業調光機器把畫面調亮，讓大家的臉都好看一點，吳老師也希望呈現出來是明亮一點的效果。

後製盯剪階段，吳老師也是盡量做到完美。曾經有一首歌，她進剪接室調整了 七、八次，等我修到一個程度之後，她還會再邊看邊修。剪接室有關門時間，加上老師也會累，有時要來來回回跑好幾趟，才有辦法完成一首歌的剪輯。

目前主要以拍攝見證分享影片，以及總會的社群媒體的經營，像是臉書、youtube、IG，利用一些短影音來吸引年輕世代，實際的點擊率也比預期中來得高，這都是慢慢在做的新嘗試。

每一天，世界各地的讚美操團隊都有動人的故事在發生。二〇一九年，我曾經拍過一位百歲阿扁嬤，由施施擔任採訪和企劃，記錄阿扁嬤（二〇二一年歿，享嵩壽一〇二歲）如何經由跳讚美操而受洗信主的故事，令我印象深刻。

很多讚美操學員也許只是社會的小人物，有的可能連操都跳得不標準，但那都不是最重要的。透過鏡頭拍攝，我想讓大家關注的是，為什麼他 / 她會願意每天花時間到某一個地方，跟一群人跳讚美操？

我一直認為，除了信仰的吸引（但也並非每位學員都是基督徒），他／她們口中的答案，便是得以永流傳的「讚美操精神」。而這些激勵人心的在地故事，也將永遠挖掘不完。

【同場加映】百歲阿扁嬤的故事

同場加映

【屬靈夥伴 —— 施悅靖同工】

讚美操的信望愛制服，是出自吳老師的設計，我主要是協助發包和品質管理，因為我在服裝界工作很長一段時間，能將生產技術以及和廠商溝通協調的經驗，為基金會服事。

吳老師本人穿讚美操制服時，上衣的領子喜歡翻立起來，看起來非常帥氣有精神；而長褲則會刻意在褲管中心整燙出一條直線，讓褲管筆挺、腿部看起來特別修長。正因為她對美感的要求及重視，所以在公園看到的讚美操團隊，才會特別顯得有朝氣。

一般運動服的特色就是穿起來透氣又有彈性，才能在運動時達到排汗效果，也因此不會追求布料的堅挺性能。那就好比看起來筆挺的西裝，不會被期待要擁有透氣和舒適功能。所以吳老師要求的制服外觀要帥氣筆挺，但又得在活動時能兼具運動服功能，確實非常衝突及挑戰。

現實上，這一點就嚇退了非常多廠商，一方面我們不是零售商或服飾專賣店，無法下大量的單且銷售速度也不快。何時會再下單？廠商準備的布料和副料要存放在倉庫多久？都是重要考量。

就算有些廠商做得出來，礙於一次下單量不像百貨公司品牌那麼多的起始布料量，廠商通常不太願意為了讚美操制服所要的特殊規格去調整機台。因此，廠商都開玩笑說做我們的訂單賺不到錢。

以往在發包時，常常不是被廠商拒絕，就是要不厭其煩地溝通再溝通，必要時還得搬出早年在服裝界跟廠商建立的交情拜託對方，並向他們分享在公園跳操的弟兄姊妹健康見證，以此感動對方來一起支持讚美操，為我們生產製作。

長時間配合下來，與廠商合作出革命情感，他們也常看見信望愛制服的身影穿梭在公園及大街小巷的公益活動中。因此發包制服時不管碰到什麼難題，廠商都願意盡力去克服，因為認同吳老師追求的標準，也看到學員們穿起制服確實特別有朝氣，那就值得了！

04

基座還在，絕地重生

曾經有人質疑，為什麼讚美操總會都是吳美雲自己的家人？在這裡，我要把話反過來說，告訴大家一個真相就是：若不是有這幾位家人作為讚美操的核心同工，不離不棄地貢獻專業和青春歲月，縱使再有熱情和能力，單靠我一己之力也無法顧全那麼多面向；甚至有可能，讚美操總會早就運作不下去了！

如同經營一家企業，會遇到重要員工因部分理念不合而離開，或是想自立門戶，這二十年來我都遭遇過，嚴重的時候，甚至還有攻擊和誹謗。

曾經有核心種子老師離開後自創名稱類似的操，但運作不了多久就遇到無以為繼的困境。也有人放話攻擊說我創立讚美操賺了很多錢、買了很多房子；其實那些房子都是我早年做幼教音樂事業賺來的。

了解讚美操運作的人就知道，我已經拿出數不清的錢來做讚美操了。幸好Seiichi跟我一樣，都不是把錢看得很重的人。家裡的錢都是他在管，凡是要做上帝的工，他都不會反對。每次需要用什麼錢，回家告訴他，他都會說「好好好」，就像當初我決定要從美國搬回台灣，他也說「好好好」，很多事情都順著我。

還有之前到高雄教學，有一位牧師看我常常南北跑，介紹一間八十坪才四百萬的法拍屋給我，說我買下就不用住旅社了。當時我看了很心動，想說要回來問Seiichi，他答應我就買。回來跟他提，他一口答應。買下來之後，那個據點就作為高雄學員的聚會點，就像台北總會的功能一樣，大家可以一起練舞，有需要的時候也可以在那邊開會。幾年前，為了申請基金會需要一大筆現金，我才把它賣掉。

Seiichi的支持，我都感念在心，很多跟讚美操事工有關的開銷，若是他持反對態度，我很有可能就會收手，不敢放膽去衝。當我在讚美操事工上，因為人造成的傷害、陷入低潮時，他也會適時地挺身而出，為我處理一些事情。

讚美操成立時，我們是龍江路某教會的會友，當時一心想把事工奉獻給神，所以將讚美操音樂歌本和教學DVD交由教會販售，所得全都歸教會 —— 本錢是我們出的，賣的錢都給教會。

既然決定奉獻，自然不會計較得失，但沒想到教會開會時，牧長們一副理所當然的態度，質問負責跟我對口的長老，說：「這週讚美操拿多少錢回來？」

還有一次是我自己親眼看到，教會將一箱讚美操貨品放在走道邊，有會友走過去就用腳踢了一下，罵說：「這什麼東西啊？怎麼會放在這裡佔位置？」當下我很難過，不忍自己的心血被如此對待，事後就告訴牧師：「我家很大，以後貨品都不用再放在這裡了！」

那時已經跟教會共同成立一個協會，叫做「感恩喜樂讚美操協會」。即使雙方積累了一些不愉快，我也不至於打退堂鼓，直到有次從美國度假三個月回來，請協會員工拿收支表給我看，對方說我沒有權限，只有理事長可以看，我終於忍無可忍，決定要拆夥。

沒想到那個週日，牧者就在教會週報寫「從今以後，吳美雲老師不再是我們教會的會友。」之後，在協會的理監事會議上，我提出解散協會，最終以一票險勝。短短半年多的合作就宣告破局！

事情落幕後，我一度向神哭喊說：「 這太困難了！我不要做讚美操了！」接連幾個晚上，我躺在床上醒醒睡睡，怎麼樣都睡不好。每當半夜醒來，多年來因為推動讚美操受到的委屈，就會猶如海嘯般襲來。不只是教會的那件事情，太多太多了……

我想到第一集剛問世時，到基隆一所教會擺攤，推廣讚美操DVD和音樂卡帶，費用是自由奉獻。一位不知道是不是會友的男子，拿了一個卡帶，一臉不屑地說：「這是我太太要的，不然我才不買！」這還不打緊，轉身準備離開時，像是突然想到什麼，他還回頭朝攤子撒了口袋裡的一把零錢，像是在施捨給乞丐一樣。

「叮鈴噹啷 ——」清脆響亮的錢幣碰撞聲，聽來卻像是一根針不斷刺痛我的耳膜……痛到實在受不了，我用最快的速度把包包收一收，拜託別人幫忙收攤，我含淚搭上計程車，直奔台北的家。

我不是一個吃不了苦的人，只是當初要回應神的呼召時，我完全沒料到，有一天連尊嚴也要失去。而且這種「羞辱級」的打擊事件，早已發生過多次。但那些都遠不及後來被信任且委身奉獻的教會，用昭告天下的方式剔除會友資格！

憤怒和心痛到無以復加，淚眼婆娑中，我已經模糊到看不清楚前方的路……。正當我陷入迷惘時，感謝主，黃梅珍長老再度成為我的屬靈依靠，我被教會逐出的事情，她都看在眼裡。一日，我告訴她，禱告時看到家中有一個很漂亮的花瓶，但瓶身破掉了……。她趕緊問我：「那基座還在嗎？」

我說還在，加上分享另一個禱告畫面是，看到玄關放鞋子的地方，有泉水不斷地湧出。她聽完後便篤定地告訴我：「不要放棄讚美操事工！上帝會讓妳做下去！」

她的這句話，讓我眼前的灰暗世界頓時都亮了起來，彷彿又看到前方有一道光在引領我前行。我想那就是所謂的從絕望變得有「盼望」吧！

有了神的應許，很快我就打起精神來，重新成立新協會，改名為「台灣讚美操協會」，由Seiichi當理事長。往後為了保持協會的宣教自由，我們不曾向政府申請過任何補助。而Seiichi的貼心，常常就是展現在這種時候。前一個協會解散後，我們不願虧欠當初繳兩千元加入協會的會員，他就拉著一位弟兄作陪，依據會員名冊到各公園辦理退費，前前後後花了好幾天的時間才處理完。

很多人以為讚美操是「吳美雲老師」一個人創立的，事實上，師丈蘇浴沂 ——Seiichi—— 這個名字也值得被大家紀念，因為他是我的心靈捕手，更是我做讚美操事工背後的重要推手！

自讚美操設立來，一路提供我很多協助，以及在信仰上跟我相互勉勵的屬靈夥伴們，相信神也必紀念。這些核心屬靈夥伴們都是神派來的天使，也因為有他們的出現，讓我更加體會「耶和華是我的牧者」這首歌所要傳達的平安，也看到神的信實。

差不多就是在讚美操事工一度陷入風雨飄搖之際，二〇〇五年，台北市的「林森公園讚美操團隊」成立，團長是林春燕老師，他的先生是中山長老教會的李永桐長老，也是一位企業家。

他們夫妻長年在第一線帶團隊，也一路扶持讚美操總會邁向茁壯。因為有他們的連結，中山教會成為林森公園團隊的屬靈遮蓋，教會也因為有讚美操事工得以走進社區，引領不少人信主。

而這正是神揀選我創立讚美操事工的初衷 —— 讓讚美操為教會所用，作為傳福音的一項工具。期許未來在神的開路之下，有更多教會願意打開大門，讓這種「教會 + 讚美操」的傳福音模式，可以在全台灣乃至於全世界遍地開花，進而收割更多的福音果子！

【屬靈夥伴 —— 李永桐長老】

我是因為太太的緣故，才接觸到讚美操事工。

二〇〇五年，春燕罹患乳癌，治療後希望找一個運動，在神的帶領下接觸到讚美操，也因吳老師鼓勵，我們夫妻倆在中山長老教會附近的林森公園，開拓一個讚美操團隊至今。

這十幾年來，我曾經跟春燕受邀到荷蘭教讚美操，也多次陪同吳老師到海外的讚美操據點進行交流，親身見證了讚美操事工的影響力，也看到師丈對讚美操事工的擺上。

有次陪同吳老師和師丈前往香港做推廣，經過維多利亞港邊時，吳老師一時興起想在港邊和團員一起跳操，港邊的安全人員突然走來盤問，問我們是何種團體？主要帶領者是誰？我直覺地就想伸手指向吳老師，但手還沒抬起來就被師丈制止，說：「我來處理就好！」幸好最後還是順利沒事。

事後師丈向我解釋當時為什麼會這樣反應，是因為他知道讚美操不能沒有吳老師，萬一安全人員要抓人交差，由他來頂替就好，才不會讓接下來在香港的讚美操事工停擺。

最後分享一下，我對於吳老師長年來的認識和觀察。在我眼中，吳老師不只印證了何謂「福禍相依」，為了成全讚美操事工，還多了「榮辱並受」。

我跟隨吳老師的腳步十幾年了，不得不說她真的是一位非常堅忍且忍辱負重的人。有時我甚至會想，吳老師為什麼有這麼大的耐受力呢？有些事情連我身為旁人都已經看不下去了，作為最被傷害的當事人，她仍選擇寬恕。

約莫是在吳老師被逐出教會的一年後，我們才認識。慢慢變熟悉之後，也曾聽她講過這段受傷的經驗，神情滿是落寞。

但何以我會說她已經寬恕了呢？因為前幾年的一場讚美操新歌發表會，吳老師主動釋出善意，邀請對方前來參加。過程中我也感覺到，對方已經在神的光照下悔改，知道當年做了傷害神的僕人的事。

另外，我一直很替吳老師抱不平的是，外界的攻擊內容，最常聽到的就是說她靠賣讚美操制服賺錢。作為一名經營企業的商場人士，我一直覺得這個說法很荒謬。

首先，總會並沒有強迫購買制服，所以實際買的人比例有限，算盤隨便撥一撥都知道這門生意不怎麼划算。再者，那些微薄收入也都持續投入讚美操事工，吳老師要怎麼把錢放進自己的口袋呢？

我認識的吳老師，並不是一個會把錢放第一的人！協會時期，曾經有姊妹建議吳老師向新北市政府申請運動類補助，被吳老師一口回絕，說：「我們不要跟政府的錢扯上關係，一旦扯上關係就變成要聽政府的話，但我們是聽上帝的話。」那位姊妹便離開協會去創操，最後無疾而終。

讚美操今年（二〇二四年）邁入第二十一年了。透過各種印證，我越來越明白讚美操是無牆的教會，也是上帝賜給華人傳福音的工具。

05

向高山舉目的蘆洲總部

二〇〇九年七月，高雄舉辦「世界運動會」。這是台灣第一次舉辦國際性的大型運動會，我受邀率領百人讚美操團隊登台演出；神設立的讚美操，也被全台灣乃至於全世界看見了！

讚美操前面的路，漸漸打開了，但每天要克服來自四面八方的爭戰還是不斷。那時候總會位於龍江路，大樓偏住家性質，我常常在管委會開會時被罵說很吵、出入的人太多，學員們也會反應，一樓保全開門時會給他們臉色看。加上其他因素的綜合考量，我曾經向身旁一些基督教友人提過想搬家的念頭。

恰巧，有位住在蘆洲的姊妹到水果行買水果，看到隔壁一棟快蓋好的大樓貼出銷售海報，她想起先生（一位教會長老）說過我正在找房子，就趕緊告訴我這個資訊。

她先生年輕時是做建築相關行業，看了毛胚屋之後覺得這間蓋得很穩固，前面又是捷運站，便跟那位姊妹說可以約我來看。也很謝謝她的先生，交屋之後還協助做室內的設計裝潢。

到現在我都還記得，當我搭電梯到六樓，一踏進面對捷運站的戶型時，馬上就被窗外的那座遠山吸引，心裡同時跳出「我要向高山舉目，我的幫助從何而來？我的幫助從造天地的耶和華而來」，這段來自《詩篇》121篇1-2節的經文。

那是一棟屋主自建自售的大樓，對方要我趕快做決定，因為他隔天就要出國。回家跟Seiichi討論了一下，也聽了幾位重要朋友的意見，第三天我就下訂兩層樓，總計四戶。

當時我的計畫是，只要把台北龍江路這三戶賣掉，用現金來買蘆洲這四戶，不僅綽綽有餘，手邊還可以留一些錢。所以在付了訂金的同時，我就開始委託仲介賣龍江路的房子。

三戶打通，總計125坪的房子，並非一般家庭負擔得起，原先我想應該還是會有買方快速接手吧，實際卻不然！賣了一段時間都乏人問津，但蘆洲新房子的繳款期限卻一天天逼近，面對上千萬的資金缺口，我開始慌了起來，每天都在煩惱怎麼借到這筆錢來周轉。

那時候為了跟建商協調付款的事情，常常跟姪女小玫（吳靜玫，現為總會財務長暨教學組老師，弟弟榮欣的女兒）搭計程車往返台北和蘆洲，有次壓力大到在車上吐，當下以為是單純的暈車，事後才意識到是身心已經快要不堪負荷了。

Seiichi看我為了湊錢，整天食不下嚥，整個人瘦了一大圈，還試圖勸退我，說：「不然不要買了，我們就照原本一樣，在這裡住得好好的，不要搬了！」

正當我陷入猶豫，甚至開始在心裡自我懷疑說：「上帝啊，這樣做到底對不對？這麼乾脆做決策，真的對嗎？」

就在繳款期限的前一天，第一個神蹟出現了。那天，總會一位同工主動走來跟我說：「吳老師，我看妳湊錢湊到這樣子⋯⋯有沒有什麼是我可以幫忙的？」

我老實告訴她，明天就要支付一千兩百萬的尾款，但我現在還不知道去哪裡生出這筆錢。「不然我來跟前夫借，」她話一說完，馬上就拿起電話撥給前夫，說吳老師明天需要一千兩百萬買房子，也讓對方知道我正在賣房子。那通電話結束後，沒多久，錢就匯進來了。

這一大筆的尾款解決了，我整個人暫時鬆了一口氣。之後就趕緊邀約三位姐妹一起到苗栗禱告山，包含我在內，四個人整晚沒睡，輪流用通宵禱告的方式呼求上帝幫助，讓房子可以趕快賣掉。不然，我也實在沒辦法了。

結果，第二個神蹟出現了。我們在禱告山待了一晚，隔天回到台北之後，大概在下午三點多，仲介就打給我說有人要買，但對方只出一坪六十多萬，比當時的成交行情一坪少十萬。

一般情況下是沒有人會答應的，但考量對方可以三戶一起買，完全兌現了我們在禱告山的呼求，所以我很阿莎力地就答應說：「我賣！」

雖然事後得知，買方是一位投資客，將房子隔回三戶之後，又以一坪八十萬的價格賣掉，讓我頗為惋惜，但一想到這是為了做神的工，我又變得很乾脆 ，不會計算那麼多的得失。

反而是我周遭很多親戚朋友，以及跳讚美操的學員們，一直到現在都還會有人說：「老師，妳知道現在那邊價值多少錢嗎？」對此，我也只能笑笑地回說沒辦法，那時候就是不得不賣掉。

近年來才加入讚美操的學員，有機會搭捷運到蘆洲總站對面的讚美操總會，應該都會覺得這是個發展成熟的重劃區，新大樓林立，機能也很方便，房價更是水漲船高。

但反觀十年前，我們剛搬來的時候，捷運站附近除了總會這棟大樓，四周不是矮房子就是農田，所以有段時間常常被笑說，怎麼會從市區搬到這麼偏僻的鄉下地方，日常的採買也確實不便許多。

附近沒什麼菜市場，我就會跟Seiichi手牽著手，一起到附近的超市去買菜和採購生活用品，如今這也成了我們夫妻之間的美好回憶。

現在蘆洲發展也不輸市區了。而且兩層四戶，事工、生活都是在這裡，加上常有全台或世界各地的讚美操成員前來，讚美操總會已經變成一個熱鬧的大家庭，經常迴盪著歡笑聲。

二〇二四年我們正在忙著第十集讚美操的製作，這一集比起過往又多了一些俏皮動作，種子老師在團練時也發生特別多趣事。

像是「祂給的遠超過我所想的」開頭第一句歌詞寫到「上帝的大能大力現在已經運行在我們的身上……」原先對應歌詞的動作構想是，讓種子老師模仿機器人走路，做出靠著上帝用線牽引，我們才能抬手、抬腳的動作。

只是，在腦海中想是一回事，實際做出來又是另外一回事。練操那天，當七、八位種子老師同時用這樣的動作，群體式地走向我時，我反而噗嗤一聲大笑了出來，說：「這樣看起來好像一群喪屍喔！」

老師們你看看我、我看看你，全都笑成了一團。笑完之後，大家再對著鏡子試做，集思廣益把這部分調整成「一個動作停四拍，再換下一個動作」。

還有一首「我若不是」，有句歌詞是「我若不能變美麗的蝴蝶，也能變小小的蟲兒……」原先我是想用兩隻食指的指尖互點來比喻蟲兒，團練時有位種子老師建議改用整個身體蠕動的方式，且邊說還邊做動作，大家也是一陣笑歪。

光是這樣的練操氣氛就不難想像，到時候大家在公園裡跳第十集時，過程一樣樂趣多多。而這也展現了，讚美操在傳揚福音和增進健康的同時，還可以讓每一個人都跳得很快樂。

不過回過頭來說，第十集在團練時會增加那麼多笑點，另一個主因是，礙於我的腳力有限，很多動作只能先發想核心概念，交由種子老師們試做，然後邊做邊修，慢慢轉變成一種集體創作的形式。

在我腳力還很好的時候，就真的從頭到尾都是我放著音樂，在落地鏡前面自由擺動肢體，再慢慢進入歌詞意境的引領，做出對應的舞和操。有的是歡欣鼓舞的、有的是沉潛呼求的，有時學生們聽我分享一首歌的屬靈意義，還會聽到掉眼淚。

我曾經跟學生分享過說，我要創作一首歌的動作，至少要跳一百次以上，每個動作都要有屬靈意義，但如何讓動作有變化，就要不斷構思和禱告了。

只要進入創作高峰期，就連半夜睡覺，我也會突然出手比畫，揮打到熟睡中的師丈；有時，他見我半夜在鏡子前邊跳邊修，便起身幫忙發想或給予意見，說可以改成怎樣怎樣。

二〇一一年下半年搬來蘆洲，大約兩、三年後，師丈的甲狀腺癌復發，因為呼吸困難接受氣切，他給意見的方式就變成我開口問，他用眼神示意了。搬家時，他的一堆日文書籍都丟了，平日我忙，就會請一位退休弟兄陪他到處走走看看。

若要談二十多年來，外界對讚美操動作的一些議論，就有一堆故事可以說了。像是有一位教會長老，常常會批評讚美操哪裡動作不對，有的動作被說像佛教的蓮花指，有的動作被說像太極拳。

當時無論是對他，還是一些打電話來總會罵的人，我的回答都是：「一切的動作都是出於上帝的創造！」意思就是說，神創造天地萬物，當然也包含了所有的動作，所以對於這類的質疑聲音，我自認站得住腳。

一直以來，只要不是出於惡意或不合理的批評，關於讚美操動作的指教或建設性意見，我都樂意傾聽。成立協會後，教學組因為有小玫這位中生代的想法加入，在符合屬靈意義的前提下，我的一些動作構思也趨向年輕化。這在第十集會更明顯，希望吸引更多年輕朋友一起來跳讚美操。

【點播七之2】我要向山舉目

點播七之 2

【屬靈夥伴 —— 吳靜玫老師】

三十五歲那年，我正式加入「台灣讚美操協會」，但第一次見識到讚美操的號召力，是在三十三歲時。當時我剛從一家公關公司離職，打算休息一段時間，適逢第四集讚美操要辦發表會，姑姑吳老師便邀請我，說：「妳來看看我們的活動，順便提供一些想法。」基於家人間的支持，我答應了。

第四集發表會是在國父紀念館舉辦，台上除了有讚美操表演，也有鼓隊和合唱團的演出，非常壯觀。我在求學時期，看過吳美雲音樂教室的盛況，後來再看到讚美操發表會，真心覺得姑姑真的是寶刀未老啊！

我是公關背景出身，很多朋友是經紀人，剛加入行政團隊時，曾想過要運用吳老師的群眾魅力，把她當明星來經營，安排一些巡迴演出，或至少包裝成像基督教界的一些音樂團體，藉此累積更多的粉絲。

當我帶著這個想法去跟吳老師聊時，馬上就被打槍，也從她那邊學習到，做讚美操事工不可以變成「個人的造神運動」，還是要回歸到一步一腳印的方式去耕耘和開拓。

後來因為受洗，成為讚美操福音中心第一批果子，聽牧師講道，明白了很多信仰真理，回頭去看就更理解吳老師的考量了。

現階段，我主要是負責教學部門。我們一直很鼓勵大家來認證當老師，把它當成一種屬靈進修，因為訓練過程中，除了可以加強動作技能，也會更了解每一首歌背後的屬靈意義。

認證方式是以「集」為單位，每一集的認證費用是一千元，分五次上課，一次二．五小時，認證完就可以變成教學老師。哪天神賜下感動，你還可以到公園播放讚美操音樂，帶領大家一起跳讚美操，建立讚美操團隊。

就我所知，也有一些主內老師在教會帶領讚美操；一些未信主的老師，則會受聘到長照中心或老人活動中心，以計算鐘點費的方式，帶老人家們跳操，用音樂撫慰孤單靈魂，也算是為社會挹注一股「善」的能量。

目前只有台灣讚美操總會開設認證課程，我們希望未來可以慢慢授權海外分會辦理，讓海外的讚美操學員也能受惠。

我們現在幫海外學員上課是採線上視訊，而且可以一對多。像有次上課，同時有美國的北加州、德州跟密西根州，三個地區的學員同時上線，我和另一位老師配搭，由她主教，我在旁邊看動作幫忙調整。每次上課，我們都鼓勵兩個人以上一起上課，這樣才可以互相看對方，不然跳了一百次還是不知道動作出什麼問題 。我會注意到這一點，也是過往教學經驗的累積。

這十多年來，雖然教學的過程很辛苦，也遇過很多的挫折和爭戰，但看到讚美操帶給那麼多人快樂和幫助，我就覺得這個事工很有意義，也有動力做下去。而且無論是吳老師還是讚美操總會，遇到那麼多事情都撐過來了，證明這當中確實有神的帶領，所以對於未來，我的擔憂也會比較少。

套句吳老師常說的：「有神在，遇到困難我們就來禱告！」

06

從香港，到世界各地

二〇一三年，讚美操的十週年慶在香港盛大舉行，吸引近萬人參加，為讚美操事工的海外拓展，立下一個重要里程碑。回顧「香港讚美操協會」的成立是在二〇一〇年六月，在此之前，讚美操已經在當地行之有年。最初之所以能拓展到香港，完全是神自己開的路！

事情的發展是這樣的。有一次，我們在榮星花園跳讚美操，一位香港傳教士經過，覺得讚美操很不錯，問我們要不要到香港去推廣？我們說：「好啊！你們辦我們就去。」沒多久，他依約照做，神就讓我們在香港一跳成名。

在那之後，我們經常應香港各教會之邀去做表演和培訓，當地的會友熱情到每次都像粉絲見面會，還會拿DVD給我們簽名。

隨著讚美操在香港的影響力越來越大，我們鼓勵當地的教會一起成立協會，有系統性地來推廣讚美操事工。香港的以琳書房（已於二〇二一年結束營業）也成了我們的合作夥伴，每次的下單量都是好幾千片，除了供應香港市場，也賣到全世界去。

後來因香港讚美操協會的運作日益成熟，每次辦活動也會向我們訂購一、兩千片。近年因為影音頻道盛行，除了販售DVD，台灣讚美操總會也有將教學影片上傳到YT頻道，供付費會員觀看。

香港的讚美操事工堪稱順利，唯獨推動初期也曾發生被侵權的事情。當時有位傳道人把讚美操製作成一本書，不僅沒有註明出處，還在封面掛上自己的名字，等同侵權。

起初我並不知情，直到香港讚美操成員將書寄到台灣給我看，我才驚覺事態嚴重，趕緊帶著幾位長老和同工到香港，要求香港區會的主事者們出面處理，才化解侵權危機。

當時的海外拓點順序，繼香港之後就是馬來西亞，但推廣過程就不像香港那麼順理成章了。

起初是有一位在新加坡開基督教書店的老闆，他和一位年輕的牧師主動聯繫我，問我要不要去馬來西亞做開拓？當時我想說也好啊，當作去國外走走也不錯，於是就在他們的安排下，帶著兩位同工飛去馬來西亞。

當地接待我們的那位年輕牧師叫王壽國，剛從神學院畢業，很有傳福音的負擔和熱忱，二〇二三年因病逝世前，已經做到馬來西亞基督教青年協會的榮譽總會長；二〇一八年讚美操十五週年慶在馬來西亞舉辦時，他也有出席。

仿照在台灣坐計程車沿途開發教會的方式，王牧師也向幼兒園借了一台娃娃車，載著我們針對馬來西亞的華語教會，一間一間陌生開發。

結果一整天下來，拜訪好幾間教會都碰了「以後再談」軟釘子。加上開的都是石頭路，顛顛簸簸的，坐久了屁股很痛。而我遺傳到媽媽的體質，無論是坐飛機、坐船、還是坐車，只要沒吃暈車藥就會吐得一蹋糊塗，所以搭乘任何交通工具，對我的身體來說都是一種負擔。

晚上十點返回市區旅社的路上，我們一夥兒人已經又餓又累，心裡也難免有些挫敗。但也就是在這時，車窗外一片灰暗中，我看見了遠處有一個十字架燈箱高掛，開近一看，那間華語教會正在進行禱告會。我告訴自己要打起精神來，主動向迎面而來的師母表明來意。

師母也很樂意接待，聽完後對我說：「吳老師，我們正在禱告會，要不您現在跟我們會友介紹一下？」那晚的禱告會有十幾個人，介紹完讚美操，我就直接帶大家一起跳。

跳完之後，會友們都很喜樂，師母當下雖然沒有拒絕，但出於謹慎，也沒有馬上表態說要引入讚美操。也就是說，我們第一次到馬來西亞的主動出擊，最後是鎩羽而歸！

當下的結果是令人挫折的，但若將時間拉長來看又會發現，只要用心走過就沒有白走的路。二〇〇七年，馬來西亞新山全備福音教會鄭惠光牧師主動跟我聯繫，說他偶然看到香港讚美操團隊的表演，希望能將事工帶進教會。我欣然答應，也從台灣總會這邊寄送一系列的教材給他們練習。馬來西亞的第一把火，就這樣慢慢點燃了！

在此同時，稍早提到的那位新加坡書店商，也帶著我到馬來西亞和新加坡各地做推廣，教材部分等同讓他獨家代理。我帶著兩位同工負責教學，他負責號召人來參加並銷售教材，當時幾乎可以說是遍地開花。

最高峰時期，我一年要飛馬來西亞三、四趟。再次來到森美蘭州首都的芙蓉，一位師母主動走到我的面前 —— 她就是我第一次到馬來西亞，邀請我在禱告會介紹讚美操的那位師母。那間教會叫做「鄰恩復興教會」，師母是吳姜素卿。

第二次見面，她就開始積極投入讚美操的學習，成為一位種子老師。後來成為我們在當地很重要的事工夥伴。

馬來西亞的讚美操據點很多，之前搭車到處服事的過程中，我常常因為暈車的關係，中途下車吐好幾次，但為了事工的順利進行，只能打起精神硬撐下去。

我們也曾經為了趕赴吉隆坡第二天早上的培訓，半夜兩點多還在馬來西亞的高速公路奔馳，累到師丈開玩笑說：「請耶穌親自來教好了！」這些辛苦的推廣過程，如今想來點點滴滴都是回憶。

隨著讚美操在東南亞的傳開，主動跟我們接洽合作的教會也慢慢變多。印尼有一位華語教會長老，為了在第一時間就學到最新內容，第六集的發表會上，他還特別帶團過來參加，之後有段時間也常協助我們在印尼南部做讚美操推廣。

如今，在神的帶領之下，讚美操已經推廣至全世界二十多個國家，範圍橫跨了亞洲、美洲與歐洲。目前主要由我的侄子吳本健老師，親自飛往這些國家做巡迴教學，有時開班教跳讚美操、有時開班教打太鼓。

平常時候，本健、小玫，以及幾位資深種子老師，他們也會透過視訊方式為海外團隊進行線上教學。有時候我在旁邊看到世界各地的團隊，一隊一隊出現在視窗時，心裡都會有一股說不出的感動。

過去很長一段時間，只要海外合作據點有提出邀約，且願意支付我和同工的機票錢，我通常都會答應飛去當地親自教學。事工結束後，他們還會帶我和同工們去附近景點走走，品嚐一下道地美食。這幾年受限於體力和腳力，不要說海外了，就連要搭車往台灣的中、南部跑，對我來說都變得越來越吃力。現在除非像是舉辦讚美操週年慶，或是有一些重要的活動，我才會出席跟大家同歡。

其他時候就換成海、內外的學員們，趁著來讚美操總會受訓的機會，順便來看看我，感受一下讚美操大家庭的溫暖氣氛。

此外，走過了前二十年的積極開拓期，讚美操已於二〇二三年從協會轉型為基金會，全名為「財團法人新北市讚美操文化藝術基金會」，並聘請宋宏志長老擔任第一任執行長。

我個人期許基金會往後的重要任務：

一是要持續的外展開拓。以台灣來說，目前四千多間的教會，我希望至少有兩千間在跳讚美操，這樣就可以在各地的公園都看到讚美操的福音腳蹤。

像雲林縣虎尾，那邊是廟宇最多、基督教人口比例最少的地方。曾經有一位牧師為了達到我們開班授課要滿二十人的規定，號召了快四十位基督徒來學。之後才短短兩、三個月，雲林縣就已經有十幾隊，顯見只要有人願意起頭，隨時都有機會開拓出新的福音據點。

二是要慢慢建立一套運作制度，藉此整合世界各據點，或至少把主要的大據點連結成一個「分會」，再由分會代表當地的所有讚美操團隊，跟台灣總會做對接，讓國際性的讚美操事工變得有組織化。

自從成立基金會，有一群屬靈的董監事成員共同坐鎮，以及宏志執行長的領軍，我變得特別輕省，也相信神必帶領基金會永續發展，透過讚美操事工將福音傳到地極。

【點播一之13】主禱文

【同場加映】「主禱文」屬靈意義與動作講解

點播一之 13　　同場加映

【屬靈夥伴 —— 宋宏志執行長】

我和讚美操基金會最初的連結，是從學習讚美操開始的，也因為神所預備的這個開始，我在總部遇見了另一半「小玫」(吳靜玫老師)，以及人生下半場的呼召。

二〇一八年，我的妹妹宋敏惠牧師，原先在台北的佳音教會服事，因為要返回台中照顧母親，在神的呼召下在台中建立一間教會，取名為「全球教會」，我在那裡被按立為長老。

為了向教會附近的公園民眾傳福音，我妹妹加入讚美操的行列，也因為看到讚美操在公園與人互動連結的果效，就邀請前來中區培訓教學的台北林森團隊團長夫妻：林春燕老師和李永桐長老，來全球教會分享讚美操，並藉此機會把平常一起在公園跳讚美操的人都約過來聚會。

我平日主要在台北生活，每週日都會回台中幫忙。聚會當天，我在後面跟著跳操，可能是身材比較瘦高的關係，引起了春燕老師的注意，邀我回台北之後，到林森公園跟他們一起跳操。當下，我一口答應！

第一天跳完我就聖靈充滿、興奮異常，晚上跟一位弟兄聚餐，我忍不住跟他分享說跳讚美操有多棒，不僅可以在清晨用詩歌讚美神，還可以運動到全身，我跳了一個小時就滿身大汗、通體舒暢。

聽完我的真誠見證，第二天早上他就跟我一起去跳讚美操，自此，林森公園團隊不僅多了我和他兩位弟兄，台灣的第一個「弟兄讚美操團隊」也逐漸成形，並於二〇二二年八月八日，在蘆洲總部的福音中心，對外宣佈正式成軍。

因為固定到總部學讚美操的關係，我和小玫開始有密切互動，也陸續看到了很多神的印證在我們當中。二〇二三年三月三十一日，我和小玫先登記結婚，等十月份辦完二十週年慶，才在十一月補辦婚禮。

神積極為我成就婚姻大事，隨著故事往下開展，我才知道，神也預備了我日後要在總會以全職方式貢獻所長。站在讚美操總會轉型的歷史當口，我深感責任重大，也不斷思索著如何帶領基金會朝向「制度化」運作，以邁向永續經營。

到各地去跟讚美操團隊分享時，我常常說明讚美操志工的職分，不外就是聖經提到的教會五重職事：

使徒、先知、牧師、教師、傳福音。讚美操的種子教師就是教師職分，團長就是「牧師」職份、各地區的關懷牧師就是「先知」職份，各區域的區長或聯絡人就是「使徒」職份，而各個團隊都會有樂於拉人進團隊跳操的公關角色，就是「傳福音」的職份。

這「五重職份」都是志工，總會並沒有實際管轄權，所以務必讓大家體認到自己是在做神的工，最終都是要對神交帳，以此來彼此勉勵。當然在此同時，我們也會開始增加一些志工福利，讓大家在為神服事的路上可以走得更遠。

至於海外的部分，若要讓上述的五重職份得以落實，當地就需要有一個分會來作為台灣總會的肢體。以現況來說，我們只有在香港及中國福建省有設立分會，而且是十幾年前設立的。

未來兩年內，我們計畫在馬來西亞再設立分會，作為基金會建置海外據點的關鍵，藉此期許未來還有更多更多的分會設立，勉勵大家一起朝向這個目標努力！

PART 3

愛

神愛世人，我們是神國一家人

01

無限可能的配搭

從二〇〇三年至今，讚美操已經推出到第十集，每一集除了「主禱文」以外，總計一百多首都沒有重複，可以讓大家在每個早上都跳不一樣的內容。絕大多數的讚美操歌詞都是取自聖經的經文，但也有少數幾首歌的歌詞，是由我自己創作，當中再結合一、兩句經文。

如果大家還有印象的話，二〇一七年時，第六集有一首歌叫做「不要生氣」意外爆紅，有人拍成好笑的KUSO影片，也有高人氣Youtuber在頻道上鼓勵粉絲們一起跳，最後被當成新聞來報導。

雖然新聞話題一下子就落幕，後續卻掀起連鎖效應，像我聽過一些國小的早操就是跳這首歌；也有種子老師到監獄去教受刑人跳這首歌，還邀我去看成果展，當一群男性呼口號1、2、3、4齊步上台，在台上雄壯威武地用力將手臂往下揮，大聲唱「不要生氣」時，看起來特別有氣勢。

後來總會在推廣「兒童讚美操」，就把「不要生氣」列為第一主打，輕鬆俏皮的動作，很受到小朋友喜愛，我們也有拍成影片放在頻道裡。

帶兒童讚美操跟在帶領成人跳操很不一樣。面對大人，只需要將歌曲的屬靈意義和動作教清楚就好，但面對小朋友，教讚美操之前還要先有趣味遊戲做暖身，激發他們的學習興趣。

我和游紫淳老師都有幼教音樂的教學背景，所以我們還在教材中增加了「小樂器伴奏」這個環節，提升孩子的音感和節奏，也豐富讚美操的表演。設計過程中，林春燕老師、陳秀幸老師也擺上很多。

跳完操之後，我們也會為小朋友做品格教育，以「不要生氣」這首歌為例，我們會帶他們討論關於生氣的情緒主題。討論完之後，再帶他們做簡易的勞作，像是表情臉譜DIY、情緒紀錄表等等。

為了將「兒童讚美操」推廣出去，我們舉辦過一次研習會，準備許多教材作為一個嘗試性的開始。那天來了三十位老師，後續之所以沒有做太多跟進，也還沒有再辦第二次的研習會，是因為實際推廣時，我們發現師資是一個很大的困境。

兒童讚美操的老師，不僅要會跳讚美操，也要具備幼教音樂基礎，符合這樣條件的基督徒老師少之又少。目前還是有幾位老師持續在教會裡教小朋友，像紫淳才剛帶領新店長老教會的課後陪讀班小朋友，完成了兒童讚美操的發表會。

其實投入讚美操事工越久就越能體會到，神有祂的時間表，以及祂要使用讚美操的方式。

像是早期推出的「輪椅讚美操」DVD，看似迴響有限，還沒有被廣泛使用在醫院等場域，但在社會的某些角落，依然在持續被神使用。

我記得住在龍江路的時候，有一次到附近散步，經過一間公寓型老人養護中心，熟悉的音樂引起我的注意，往裡頭一看，有七、八位老人家坐在輪椅上，正跟著教學影片在做讚美操，當下我就覺得好棒，沒想到讚美操事工竟然推廣到這裡來。

當初會發展輪椅讚美操，是因為遇到一位正在化療中的護理師，她在屏東的公園看到讚美操，問我說有沒有癌症病友適合做的讚美操？她還告訴我，癌症病友因為要做化療，醫生會在他們的胸腔鎖骨放置「中央靜脈導管」，所以上臂動作不要超過頭。

後來，我就根據她提供的一些要點，從既有的讚美操歌曲中，挑選出一些跟醫治有關的音樂，微調一下原本的動作，讓病友們可以用來做復健。DVD錄製好之後，我們有跟北醫合作推廣，同時寄送給一些醫院免費使用。

「台語讚美操」DVD我們也錄製過，為了斟酌用字正確性，我們花很多時間向熟稔台語的牧師討論，像「主禱文」的「直到永遠」，台語版本就要翻成「代代無盡」，後續還要重新錄製、上字，規格等同在製作一集全新的作品。

我原先以為台語系列的讚美操音樂，應該會比較受到長老教會或中南部教會偏愛，結果發現大家還是習慣國語版本，所以翻譯到七集之後就不再出版了。

除了追求讚美操音樂本身的多元呈現，我們也創立過合唱團和鼓隊，目前還在運作的就是吳本健老師為首的鼓隊。本健是藝專畢業，曾經在日本學過一段時間的太鼓。當初會邀請他加入讚美操並成立鼓隊，是因為神用一段經文啟示我：「以色列的民哪，我要再建立你，你就被建立。你必再以擊鼓為美，與歡樂的人一同跳舞而出。」（《耶利米書》31章4節）

於是我想，「讚美操＋鼓隊」一起登台，不正是這段經文在描繪的畫面嗎？本健那時候還不是基督徒，卻很樂意擺上，教出來的效果也很好，大概練了兩個月，第三集發表會就帶著鼓隊上場了。

無論是發表會還是活動演出，每次只要鼓一出場就會震撼全場，尤其是在海外，鼓隊的發展又比台灣興旺。也因此，目前海外的相關教學都是他負責，相信這都是神的預備。

除了鼓隊之外，我們過去也嘗試成立合唱團、笛子班等等，雖然因為同工人手不夠，加上成員的參與有限，這些都沒再繼續運作，但過程中也讓我們更清楚神要我們重點發展的方向。讚美操的可能性還有很多呢！

二〇二三年，有一位姊妹提議辦「讚美操快閃」，第一場在台北的松山車站；二〇二四年新春在板橋的府中捷運站；二〇二四年五月二十一日，新竹區也舉辦讚美操聯合快閃，地點選在湖光山色的青草湖。另外，桃園的石門水庫、台北的大稻埕、南港茶葉製造示範場、溪頭風景區等等，也曾有讚美操團隊的快閃身影。

所謂的快閃，就是大家穿著讚美操制服，選定一個知名景點跳一首讚美操。此舉常常會引起旁人的好奇，有的人會直接跟著跳，有的人（尤其是年輕人）則是拿手機在拍，再分享到社群媒體，這些都是很好的推廣方式，更有助於吸引年輕族群。

讚美操事工的全齡化和年輕化，一直是我們在持續努力的重點！大家有沒有注意到，總會近年剪輯的影片尾聲都會撥放一段RAP，唸著：「不要失去你的微笑……要常常喜樂、不住的禱告，一起來禱告。」不少人回饋說，這聽起來讓讚美操變年輕了。

廣告背景出身的游導說，這在廣告業界叫做「Jingle」，一種品牌識別音的意思，素材是取自第九集的第五首。

當初為什麼會錄製RAP？起因是，我跟紫淳老師提到希望「不要失去你的微笑」可以放一段RAP，紫淳有參加外面的合唱團，引薦兩位年輕男歌手來唱這首歌，RAP的節奏就是他們在準備錄音前練出來的，效果出奇得好。

我們樂於不斷地做出新嘗試，以及與各公益單位做橫向連結。二〇二二年，因游導的牽線，總會展開與基督教救助協會的合作。跟隨「1919愛走動」的計畫，我們會協助聯繫全台各地的讚美操團隊，一起深入偏鄉做服事及讚美操的推廣。

讚美操二十週年慶，總會也邀請「屏東伯大尼之家」的團隊，上台跳「不要失去你的微笑」，雖然礙於身心限制，動作沒那麼標準，卻無損於這些上帝寶貝們所散發出來的喜樂。

「讚美操的100種可能」還能有哪些呢？歡迎大家一起來想像，走出新的路！

【點播九之5】不要失去你的微笑

【同場加映1】屏東伯大尼之家團隊「不要失去你的微笑」

【同場加映2】兒童讚美操介紹集錦

點播九之 5　同場加映 1　同場加映 2

【屬靈夥伴 —— 吳本健老師】

三十幾歲時，我在吳老師的邀請下，加入讚美操協會，我在這裡是採任務型的方式在做服事，至今也超過十八個年頭了。

其實一開始我也沒想過會待這麼久，是進來之後發現這群基督徒很不一樣，他們的愛和關心是很真誠的，我就深深被吸引，也在加入一年多之後信主。

從第三集到最新的第十集，鼓班已經行之有年。在讚美操二十週年慶看過鼓隊表演的人，應該就會感覺到太鼓跟讚美操的結合，讓操的表演變得更有層次，那就好比是交響樂團搭配合唱團的概念。

當鼓和操同時亮相，因聲量優勢，鼓聲很自然地會比較吸引人的注意力，所以在安排兩者演出，我會把操跟鼓分開呈現，讓大家可以好好的看到又聽到。

以二十週年慶為例，「摩西和羔羊的歌」這首歌的曲子會唱三次。第一次，鼓隊在台上打鼓，操隊緩緩從台下兩側走進來，然後在原地踏步；唱到第二次，五十人的操隊開始跳讚美操，鼓隊繼續打鼓；第三次的安排就酷了，鼓隊五十人全員放下鼓棒，跟台下操隊一起跳，畫面非常壯觀。

操隊成員一旦學會了打鼓，最大的收穫就是對節奏、拍子，以及音樂性的概念會比較清楚。回頭再去跳讚美操，因為聽音樂時比較抓得到拍子，跳起來就變得更有節奏感。目前為止，我已經編了快六十首歌的鼓譜，其中大約80％是讚美操音樂，20％是通俗歌曲，如：「望春風」、「男兒當自強」等等。

鼓的特色就是要有Power，所以調性比較柔、慢，以及節奏感不強烈的曲子，就不適合編成鼓的音樂；反之，像是「歸向耶和華」、「萬民都要拍掌」、「上帝的愛」這種比較陽剛型的詩歌就很適合。

為什麼我也會教大家幾首通俗歌曲？主要是海外的鼓隊常常受邀演出，場合不限於教會，很有機會傳福音給未信主的人，所以需要從通俗歌曲切入，再從一連串的太鼓表演中，穿插至少一首讚美操音樂，讓他們有機會聽到上帝的話語。

海外鼓隊最早成立於十一年前，當時有香港、新加坡、馬來西亞的吉隆坡和怡保；二〇二四年九月，汶萊以及加拿大的溫哥華、多倫多也成立鼓隊。以培訓等級來說，目前是分為Level 1、2、3，但依照我目前編的曲子，其實可以一路教到Level 5。

我出國一趟就會上完一個Level，用連續三天、一次六小時的強度教完五首歌，而且第一首一定是教「歸向耶和華」，因為這是鼓隊成立時練的第一首歌。

現在海外程度最高的鼓隊已經到Level 3。過去採取的作法是，上完Level 1，我會挑出班上比較厲害的人當小老師，我離開後，小老師就負責帶鼓隊成員看著影片練習。

台灣有三個鼓隊，總計四十幾個人，一個在新店行道會、一個在聖公會聖約翰座堂、一個在總會。

培訓部分不像海外有分三個層級，台灣就是一首歌練完就練下一首，每週固定練一．五個小時。這種方式對新加入的人來說比較辛苦，但鼓勵有興趣的操隊成員可以挑戰看看，只要有心，我們都會慢慢帶你練起來。歡迎大家的加入！

【同場加映】二十週年演出「摩西和羔羊的歌」

同場加映

02

我們都是愛的傳道士

二〇一九年，我生了一場幾乎致命的病！當時因為呼吸困難及嘔吐症狀嚴重，三天兩頭就要送急診打點滴，有幾次還發生在半夜，幸好妹妹素雲睡在身旁，及時送醫；否則可能就來不及了！

就醫過程中，我做過很多檢查，遲遲找不出病因。幸虧有世界各地的讚美操家人們為我代禱，多少撐住了當時的脆弱；神也派了很多天使在身邊幫助我，像是不辭辛勞看顧我的親人們、適時為我連結醫療資源的屬靈夥伴。

後來醫生診斷應該是「自律神經失調」，有了明確的治療方向，但一時半刻那些睡不著、不斷嘔吐的症狀還是持續，使得我仍要不斷緊急就醫。那時很常到台北的一家醫學中心急診，有時等不到病房就在走廊睡一個晚上，即使隔天可以住進單人病房，礙於健保規定，也只能住兩個禮拜。

有次健保時間到了，院方催促我辦出院，但我還是一直吐，剛好永桐長老來探視，就說：「老師妳人還不舒服，怎麼有辦法出院？」經與醫生協調不成，他趕緊安排我自費住進一家設備齊全的私人醫院，讓我好好地靜養。

住院靜養期間，我自己慢慢回想，大概也知道是什麼緣故導致我的自律神經失調……

在我生病前的幾個月，幾位我非常信任的資深種子老師，不認同我的培訓理念，也就是我認為培訓從哪一集開始切入都可以，但她們認為要從第一集開始。這個主要導火線，加上她們各自積累的一些不滿，她們就向林增坤關懷牧師訴苦。林牧師對讚美操的發展淵源很了解，也陪伴了我近二十年，是一位很重要的戰友和屬靈夥伴。

他出於好意主動找我溝通一些想法，但可能是長年來的「委屈點」被戳中，我突然理智斷線，發了一頓這輩子最大的脾氣，事後與她們的談話也不歡而散，她們便離開讚美操事工。

談完那天，晚上我越想越氣，氣到連續三個晚上都沒睡。我氣的點是，她們到各公園去講這些事情，還說我只是教材的提供者，意指我不應該握有那麼大的決定權。委屈的點是，我心裡認為我對妳們這麼好，妳們怎麼會這樣對我？我覺得對她們的付出和信任都被辜負了。

當然事後從客觀的角度來想，站在她們的立場，我可能也會有類似的感受。或許她們自覺對總會和對我幫助很多，所以期待能有更好的待遇和更多的掌控權。

總之，待雙方都平心靜氣後，在一位長老的協調下，我請她們吃飯、在飯桌上和解。就像有人說「家是講愛、不是講理的地方」。我雖然自認站得住腳、被質疑得沒道理，出於神的愛和身為老師，加上希望對自己的信仰有交代，我非常樂意主動釋出善意。

只是，我長年積累的委屈，加上感覺被最信任的朋友背叛、Seiichi臥病在床，種種情緒反撲，我就生了一場大病。

現在回想起來，那幾個月真是煎熬。安排到私人醫院靜養時，探視的親友一時不察把手放掉，我整個人摔落在地上，結果必須開刀治療。原先只需要住十天，開刀後又多住了一個月，出院後再穿鐵衣一段時間才慢慢恢復。

我的身心狀況幾乎跌落谷底，Seiichi因為甲狀腺癌復發、氣切多年，認知功能也慢慢退化，已經無法對我說出任何安慰的話；我失去了最大的支柱！

過程中一度因為感覺太辛苦了，我向神禱告說：「要嘛就讓我恢復，讓我可以繼續服事祢，不然就乾脆把我帶走……」這大概是我生命中第二次拿命跟上帝談判。

後來，神確實是讓我的身體都慢慢恢復了，但有差不多一、兩年的時間，我整個人都打不起精神，所以第九集才會拖至二〇二一年發表，跟第八集間隔了四年。

第九集有一首歌「壓傷的蘆葦」，闡述的就是那段時間的心境，以及從神而來的愛和盼望。時隔至今，第十集也問世了，除了腳傷舊疾復發和之前骨盆腔開刀，不便再親自帶大家跳操，其餘都恢復得差不多了。

生過那場病，頭一次這麼靠近生死邊界，加上經歷另一半的生命告別。即使一切看似恢復，沒有Seiichi的陪伴，生活總感覺若有所失，時而有些惆悵。我也慢慢體會到，夫妻若感情好，先走的人比較有福氣，至少不用飽受思念之苦。我和Seiichi結褵四十四年，有喪偶經驗的人告訴我，熬過第一年心就會比較放下來，但已經過了兩年多，我還是放不下他。

我無時無刻不想念他。只要在屋子裡靜下來就會想說，假使他還在的話會怎樣；每天吃早飯，獨自一人坐在餐桌前，我也會習慣對著他的照片說：「師丈，吃早餐囉！」

可能是我沒有生孩子，其他人喪偶後還有孩子陪伴，所以至今還是很不捨Seiichi的離世。但感謝有上帝，心裡過不去的時候，我就向上帝禱告、祈求安慰。

曾有人問，我最懷念師丈什麼？想了想，我應該是最懷念夫妻間可以彼此相伴的感覺吧！我是一個照顧者類型的人，比起Seiichi對我的好，我照顧他反而更多。二〇二二年的追思禮拜上，疫情的關係，他的子女都沒有返國奔喪。他的女兒特地寫了一段公開文字形容說：「她的爸爸能娶到我，簡直像中了樂透。」顯示我過去對他們一家人的無條件付出，她都看在眼裡。

親身經歷喪偶之痛，又看到當今離婚率那麼高，我很想勉勵年輕朋友們，真的要保守跟另一半的日子。一輩子看似很長，其實也不過轉眼之間，只要有愛的人可以相伴，吃好吃壞都沒那麼要緊了。

同樣的心境，回頭檢視自己的人生，我也會覺得說，現在看讚美操事工似乎已經有一定的影響力，但人終究會面臨生命的有限性。在上帝面前，人是如此渺小，財富和地位更是猶如過眼雲煙。

取之於上帝，用之於上帝。二〇二三年初，上帝終於如我所願，政府通過基金會的設立，雖然為此我奉獻出近上億的資產，但既然是出於禱告後的感動，我就相信那是神的心意，也讓這些產業回歸上帝永續經營。

現階段做完第十集，有一種任務完成的感覺，隨時被上帝接走，我都覺得值得了；如果上帝還要使用我，我也會繼續推動讚美操，只是從第十一集開始，可能會變兩、三首歌就做一次發表，讓新的屬靈創作可以更快跟大家見面。

第五集有一首「數算自己的日子」，那是我在美國有感而發寫下的歌曲。歌本中有提到，我們常以為人生很長、時間很多，以至於白白虛度光陰，也白佔了這塊土地的資源，最後希望藉由這首歌，勉勵大家懂得數算自己的日子，多為神做有意義的事情。

最後，分享一位美國牧師曾對我說過的異象。我住在美國紐澤西州的時候，曾經去洛杉磯參加一個特會，結束後牧師請大家去講台前接受禱告。當時我站在最遠的門口，那位美國牧師就指著我說，站在門口的那個姊妹過來，我要為妳禱告。

我趕緊走了過去。牧師為我禱告時說，我看到妳現在自己一個人在高速公路跑，跑了很久、很辛苦，但過了一段時間後，就有很多人在那裡快樂的讚美神，並且迎接我。

那個異象我一直放在心裡直到現在。後來我懂了，原來牧師口中的那一群人就是 —— 我最愛的讚美操家人們！我覺得自己的人生很幸運，去到哪裡都被歡迎，也都會有一群朋友特別愛我！

我們愛，因為神先愛我們。在這裡邀請大家，讓我們一起透過讚美操事工，為混亂的世界做光做鹽，成為一名「愛的傳道士」。

並且記得喔，無論遇到再大的風雨，永遠不要失去你的微笑。基督徒最大的恩典，就是可以靠主常常喜樂，並且滿有盼望！

【點播二之7】彼此饒恕

【點播九之4】壓傷的蘆葦

點播二之 7

點播九之 4

【屬靈夥伴 —— 林增坤牧師】

我認識讚美操的方式比較特別，是先聞其聲、被音樂吸引，然後在內心渴望尋覓之下，才認識到動作。過程中，充滿了神的帶領！

過去牧會時，有一段時間我在台北馬偕當院牧部主任，工作很忙也很累。有天上班，我突然在醫院倒下，被送去急診，檢查後診斷是「心臟病」，醫生告訴我可能需要做冠狀動脈繞道手術。

這是個大手術，必須審慎評估，因此醫生先開藥給我吃，並且要我持續保持大量的運動，說只要這樣一直做下去，也許就可以先不用開刀。

在那之後，為了調養身體，我請調到淡水馬偕服務，而神將我跟讚美操的奇妙連結，就從這個時候開始了。

當時，上班的路上會經過一個大社區，圍牆很高，看不到裡面，但都會聽到一種像詩歌的音樂。起初不知道那是讚美操音樂，只是很清楚有人在圍牆內運動，運動什麼不知道，歌詞卻令我印象深刻。

本身是牧師的關係，當我聽到哈利路亞、和撒那、阿們這些基督教字眼，大概就能猜出來有人用聖經的話在做運動。當下，神就讓我有一股很強烈的感動，想說如果有一天再牧會的話，一定要大力推動這個運動，而且聽從醫生的建議，我自己也很需要找一個運動來持之以恆地做。

六十一歲時，我到中山教會牧會，上任第一個禮拜我就決定要找出這是什麼操，以便在教會裡扎根。結果，找都不用找，神就派自己的使者找上門來了。

有一天，永桐長老跟春燕老師主動跑來我面前問說：「牧師，明天早上要不要跟我們一起跳讚美操？」

隔天一早到林森公園集合，音樂一放，「我的天啊！這不就是我去淡水馬偕路上聽到的詩歌音樂嗎？」雖然不是同一首歌，但一聽就知道是出自同一位創作者。

真的是太巧了！之後我也就這樣順理成章在中山教會推動，用牧師的身份帶領弟兄姊妹們一起跳讚美操，也因此認識吳老師，並受邀擔任讚美操總會的關懷牧師。作為關懷牧師，除了關懷讚美操的成員們，我更主要的感動是關懷總會、吳老師，因為吳老師是總會的核心人物，她穩、總部就穩。

這二十多年來，總會經歷過好幾波的蛻變，也因此一步步催生讚美操基金會的成立。吳老師決定把全部資產奉獻出來，當中也有上帝的帶領軌跡；未來假設基金會不存在了，這些資產也會全數捐贈給中山長老教會，同樣為主所用。

我們推動基金會最重要的目的，就是要繼續透過讚美操傳福音。身為總會的關懷牧師，我常常去各區宣講「如何成功拓點？」每次我都只強調一件事情，告訴大家如果這件事情做不到，讚美操的拓點就不可能成功。

台語有句話說：「戲棚下站久就是你的。」如果禱告後，有負擔要成立讚美操，那就先去找地方，禱告確定上帝要讓你在這裡跳。然後在那之後的每一天，就算只有你一人，音樂一放也要在那邊跳。有人經過好奇探問，就介紹說這是讚美操，邀請對方跟你一起跳。

只要用這種我稱之為「吳美雲精神」的方式堅持到底，大概三年吧，保證一定能夠拓點成功。如果「吳美雲精神」就是神要揭示世人的典範之一，那麼就讓我們一起接力，把吳美雲精神傳承下去，讓讚美操事工更加發揚光大！

03

牽手一輩子的 Seiichi

網路上曾經流傳一對老夫妻的照片和文章，記者訪問他們婚姻維持六十五年的祕訣是什麼？老婆婆回答說：「我們那個年代教育我，東西壞了是要修理，而不是把它丟掉。」意即夫妻關係出問題就要試著修復，而不是選擇離婚。

這讓我想到了和師丈 Seiichi 之間的關係。我們之所以成為別人眼中的模範夫妻，關鍵就是很用心在經營婚姻、避免讓關係壞掉，也從沒想過要把這段關係丟掉。

在很多人眼中，我們夫妻的感情很好，從來沒有吵過架，姪女小玟也曾經描述過說，她看到我跟師丈講話都很輕聲細語，也常常對師丈撒嬌，還拉著他的手一起出去外面買

東西 —— 這是她從來沒有見過的夫妻互動。

以前跟弟弟榮欣、弟媳麗珠一起出門搭捷運，榮欣看到我和師丈牽著手，也常會用台語開我們玩笑說：「走就走，幹嘛常常牽在一起。」我非但不覺得尷尬，還反過來勸他們夫妻要把手牽起來，以免在人群中走散了。

撒嬌，是我很常用來跟師丈相處的方式。推動讚美操之後，師丈大多會跟我一起出門跳操；偶有幾次，見他躺在床上繼續睡，狀似不打算起身出門，我就會開始使出殺手鐧 —— 就是撒嬌。

怎麼撒嬌呢？我的作法是，宛如小女孩向爸爸撒嬌一般，拉著他的手，一邊左右搖晃，一邊用嬌嫩的口吻說：「來去啦！來去啦！我等你啦！」通常只要這樣做，師丈都會禁不住攻勢，默默地起床梳洗，跟我一起出門跳讚美操。

所以，每當成員們反應說開口約先生一起到公園跳操，先生只會回一句：「妳自己去啦！」我都會手把手地教她們怎麼撒嬌。有的成員試了，夫妻關係還真的有變好，而且因為一起跳讚美操，原本沒話說的也變得有話聊。

我和師丈也是因為攜手推動讚美操事工，變得更像生命共同體。只不過很特別的是，雖然我們感情十分融洽，我也會向他撒嬌，彼此卻不曾說過「我愛你」之類的話，他也鮮少有浪漫的舉措。

住在美國時，有一次情人節，有個外國人來我們家作客，他用英文問師丈說：「今天是情人節，你有沒有買禮物給太太啊？」師丈回了一句“Sorry, I forgot.”然後靈機一動就跑去我們家的廁所裡，拿來一朵平常裝飾用的紙花送我，逗得那個外國朋友哈哈大笑。而且托對方的福，那還是我第一次收到師丈送的花！

有些比較注重節日或喜歡浪漫的人，可能會覺得很誇張，我卻一點都不以為意。我跟師丈都是務實派的個性，對我們來說，時時刻刻的相伴，就是一種最深情的告白。

日常生活中，我最喜歡的時刻就是跟師丈一起推著車，在超市裡買菜。回家煮完飯，再一起坐在餐桌前，天南地北的一邊聊天一邊吃飯，常常一頓飯可以吃上兩小時，生活感十足。

在幼教事業和讚美操事工上，師丈也是我最有力的後盾，不管做什麼，我們都像連體嬰，只要我出現的地方，幾乎都會看到他。在我事業最燦爛輝煌的時刻，有他為我喝采；在我人生下半場，為了推動讚美操一度屈膝的時刻，也是他陪我一起度過，為我加油打氣……這是何等真摯且深刻的生命連結！

更令我感動的是，原先按照他自己的理想，其實是想待在美國生活，但為了顧全我們的婚姻，不願分隔兩地，無論是回台創業還是赴美進修，他都是順著我的意願，原本在美國的職涯也因此中斷。

第二次移居回台灣，我會自創讚美操也是跟師丈有關係。剛從美國回來時，師丈主動邀我去附近公園走一走，也曾經跟著一些人跳操，但才去幾天就被收了三百塊，加上神也有給我感動，我才開始動念想要設計免費的運動給大家跳。

後續就如同我在書中其他文章提過，若不是他願意耐著性子，陪我坐計程車去一家又一家的教會進行陌生開發，單憑我一己之力，讚美操恐怕難以達到當今這種世界性的影響力。

在國際事工方面，印象最深刻的是，有次我在香港維多利亞港灣，想帶領幾位同工們一起跳讚美操，引起安全人員的注意。當他們盤問誰是此團的帶領者時，為避免我可能被限制行動，他馬上像個有擔當的男人，自動挺身說是他。這些用心呵護的細節，我都看在眼裡。

說到這裡，大家可能會覺得在這段婚姻中，都是師丈在配合我、讓著我；實際上也不盡然，畢竟人跟人之間也是要互相的。若要問我們夫妻之間有什麼獨特的經營之道，可供大家參考，我想應該就是我們都在彼此「最在意或最需要」的點上，給予無條件支持！

生活上（包含工作），幾乎所有的大小事情，他都會以我為主；但在經濟上，我就全然放手讓他作主。那種作主的程度是，無論要支出什麼錢，我都會先請示身為經濟總管的他。一直以來的經驗是，只要是花在神的事工上，他都不會有第二句話，推動的成效不彰，一堆DVD（讚美操台語版）囤積在家裡，他也從不出言責怪。

不過，如果是牽涉到，像是朋友缺錢想要跟我調頭寸應急，或是幾個朋友想邀我一起創業開幼兒園，他就會嚴加把關，甚至直接拒絕。

這種「明明是自己賺的錢卻要另一半點頭才能花錢」的模式，已經不只一次被我身旁的家人和朋友抱怨，他們都覺得我大可不必這麼委屈，但我還是甘心樂意這麼做。我會那麼順服師丈，除了聖經教導說丈夫是妻子的頭，另一個很大的原因是，他確實是我夢寐以求的理想對象。

先前曾提過，我心目中的理想對象就是要擁有高學識，師丈完全吻合，加上自己是晚婚，尋尋覓覓了好久，所以特別珍惜這位得來不易的良人。基於這樣的原因，我只要經濟上過得去，師丈對我很好，那就好了，連他用錢的用途和細節，我也從不過問。

早年要匯錢到美國去，有額度限制。讚美操的學生都會私下跟我說：「老師，師丈跟我借身分證寄錢到美國去，這樣好嗎？」我知道之後，回家面對師丈也是裝作不知道，因為問了可能會吵架，這不是我想要的，所以就反過來告訴自己「錢夠用就好」。

一直以來我對他的兩個孩子就很大方。我不僅主動提議幫他們姊弟各自在美國買一棟房子，讓他們可以好好安頓下來；女兒結婚生子後，我也幫她的孩子們支付不少醫學院的學費，現在孫子輩都很有成就。一直到現在，她還是會常常打電話問候我、關心我的近況。

讚美操第七集「佳美的果子」歌詞唱說：「北風啊，興起！南風啊，吹來！吹在我的園內，使其中的香氣發出來……願我的良人進入自己園，吃他佳美的果子。」當初創作這首歌的時候，看似在講神就像是我們的良人，其實也是在傳達夫妻之間的相處之道。一直以來，我都把先生看作是標竿，將自己跟上帝的相互疼愛，落實在夫妻關係中，當身為妻子的我們散發馨香之氣，自然就能吸引先生的靠近和守護。

師丈過世後，我看似一切如常，但心裡頭非常、非常地想念他！最新發表的讚美操音樂第十集，裡頭的那首「Shalom」就是我因為思念師丈而寫下的歌。紙短情長，雖然歌詞只有短短幾句，卻承載著我們結縭四十四年的點點滴滴。太多的思緒和情緒在夜裡紛飛，我只能將其化為音符，遙寄給已經在主懷抱裡的他。

其實不瞞大家說，早在師丈病倒之後，我就時常向上帝祈求說：「讓我們一起（走）好嗎？」顯然，上帝並沒有應允我，代表還有使命在身。他過世後的這幾年，我確實在心裡上感覺孤單許多，腦子裡也經常回放著他生病這八年來的點滴，檢討自己是不是少做什麼？也會想是不是多做些什麼，他就能陪我久一點？

其實師丈在我們一起到美國神學院進修時，他就被診斷出「甲狀腺癌」。發現的契機是，當時因為肚子不舒服去就醫，醫生觸診他的雙頰時，覺得怪怪的，才進一步做檢查。

確診之後，師丈在美國的醫院做了半年放療，導致整個脖子都黑黑的；過一段時間，因攝護腺肥大到紐約找一位華人醫師開刀。在我們決定搬回台灣定居之前，他的病況已經恢復，我也以為他痊癒了。沒想到，在回台灣的十年後，他開始連吃一根薯條都只能一口一口慢慢咬，吞嚥功能已經出了狀況。

所以有時我也會想，若是當時不要那麼忙碌，多陪陪他，而且提早叮嚀他到醫院做檢查，會不會他就不至於在搬來蘆洲的幾年後癌症復發？

還有生病之後，醫生詢問要不要做氣切，過程更是讓我受盡煎熬，直到現在我都還會質疑自己，當初決定讓師丈做氣切，是不是一個錯誤的決定？

因為癌症的影響，師丈雖沒有立即生命威脅，卻出現呼吸困難的狀況，連要喘一口氣都非常吃力。我看他呼吸那麼困難，加上他在美國的孩子們也不打算做決定，在聽取一些專業意見之後，我決定讓他氣切，想說至少可以先把命保住，氣切之後也有請印傭照顧。

從氣切到過世的這八年，師丈在前五年都還算清醒，雖然無法講話，至少還可以用眼神示意，以及參與福音中心的聚會，跟大家互動。有一次，新來幫傭買了一個塞子，塞在師丈的氣切孔，讓他可以發「啊～」的聲音，我就好開心，開始教他唱最愛的日本歌。

但為什麼對於「決定讓他氣切」，心裡還是過意不去呢？主要是我原先想說，搞不好氣切之後，他還可以跟我說一些像是「吃飽」或是「吃飯」這樣日常的對話，實際上卻沒有辦法。

另外，氣切之前也曾經有醫生朋友跟我說，若師丈的身體狀況漸漸恢復，未來還是有機會練習講話，這個期望最後也是落空。

師丈在第六年就慢慢進入到臥床狀態，認知功能逐漸退化。那時我每天都會躺在他的床邊，說：「Seiichi，你放心喔！我一定把你惜命命！」當下他也只是睜著眼睛看著我，沒有什麼反應。

那時候牧師來替師丈禱告，叫我要預備心，讓上帝帶他走，但我實在放不下，還是想努力照顧他到最後一刻，看看會不會有奇蹟發生。生病之前，他是我的啦啦隊，生病之後，我是他的啦啦隊，即使已經得不到什麼回應，我還是每天為他加油打氣。

但一轉身，我的心情就垮下來了，因為過往我們最大的相處樂趣就是聊天，現在看到他一句話也無法說，心裡很難過。更折磨人的是，有時我還會自責為什麼要讓他氣切？甚至幻想當初若沒有氣切，搞不好更有機會好起來……

越是這樣想，心裡就越覺得對師丈有虧欠。但一陣糾結過後，心裡又很清楚當初根本沒有不做氣切的選項，因為當他連吸呼和吞嚥都有困難，不做氣切反而有生命危險。

這八年來，我也確實把他照顧得很好，像是發現他透過鼻胃管進食的營養條件不夠，我就不惜花錢為他買來最營養的流質食物，因此後面三年即使臥床，臉色卻是紅潤的。

二〇二二年師丈過世，適逢疫情嚴峻期間，住在美國的兒孫們都沒辦法返台送最後一程，家屬代表只有我一位。多虧當時有讚美操學生們和自己的家人們陪著，我才能好好為師丈辦完追思禮拜，告訴自己要平靜地接受這個暫時的離別。

追思禮拜當天，陪伴我們夫妻走過許多高山低谷的黃梅珍長老，也撰文細數了師丈對神、對我、對子女，以及對他人所秉持的愛，肯定了因為有他的犧牲和成全，才能讓我取得幼兒教育事業的成功，並且成就了讚美操事工。這些無私奉獻的愛，就是他留給這個世界最好的典範。

這兩年多來，我沒有一天不想念他，每天都渴望有他的陪伴，即使無法再開口談天說地，能看見他的人也好……有時，我會請同工載我去位於三峽的塔位看看他，看的時候會在心裡說：「Seiichi，我真的好想念你……」看完之後，心情更加失落，幾次之後我就沒那麼常去了，以免觸景傷情。

現在思念他的方式，就是每天望著客廳擺的一張照片。

照片中的他，依舊散發著濃濃的書香氣息，嘴角揚起一抹內斂自信的微笑，一如當年我們在機場第一次見面的模樣。

「妳就是吳美雲喔！」當時說的話言猶在耳。那雙緊握住我的厚實大手，也依舊在我心裡溫熱。

「Seiichi，我們主裡再相見！」

【點播七之9】佳美的果子

【點播十之4】Shalom

點播七之 9　點播十之 4

04

數算自己的日子

每個人的身上都是一個時代，每個人的人生也都是一套劇本。身為基督徒最幸福的一件事情就是藉著與神連結，可以跳脫原先困住我們的生命劇本，活出最高版本的自己！

生命的最初，我就像是一隻醜小鴨，被老師和同學排擠，連上台表演的機會都沒有，只能暗自在台下啜泣；直到小學二年級，回歸原生家庭的擁抱，才開始蛻變成一隻美麗的天鵝，時常在學校台上一枝獨秀，獲得師長和同學的肯定。

一直到二十九歲失去代理老師的工作之前，我都以為已經活出人生最好的樣子；沒想到正當我開始安於當下，神就藉由失業把我推出舒適圈 —— 我因此來到台北發展，還受洗信主。當人生走到一個階段往回看就會發現，原來很多事情並非偶然，而是有神的引領在當中。

若不是當初信主，長年在教會謙卑服事，我也不會在四十三歲那年，在牧長們一致推薦下，與師丈Seiichi結為連理。若不是嫁給Seiichi，我大概也沒什麼機會到美國生活、接受西方文化的薰陶，並將這些養分轉化成創業和做讚美操的養分。

為什麼神的計畫特別能在我的身上得到彰顯？關鍵就是我有一顆「願意的心」。一直以來，上帝感動我做什麼，我都會去做，叫我辭掉這個就辭掉這個，叫我做那個就做那個，所以我覺得上帝一定最喜歡我的「順服」。

結婚之後，Seiichi也不會跟我計較做上帝的工，所要付出的金錢和心力 —— 尤其剛開始做讚美操的時候，要去哪裡都是帶好幾位同工，全都是成本 —— 但我們都是不計成本地投入，所以Seiichi也應當得到大家的紀念。

推動讚美操的前幾年，遇到很多困難，我也不是很確定神要如何使用讚美操。有次去參加一場韓國特會，神讓我領受到一個異象就是，看到很多螞蟻密密麻麻地遍佈在山丘上，而且一座又一座的山丘綿延到看不見，彷彿預告將來會有很多人跳讚美操……

如今回頭來看，完全對應了後來讚美操的遍地開花，因此我常公開高呼：「讚美操、神設立」，就是要告訴大家，讚美操是神所做的工。

我只是一個小女子，上帝揀選我從沒有開始，尤其是從台灣開始。台灣是一個很美麗的小島，上帝讓我在這裡慢慢從第一集第一首開始推廣，使台灣成為讚美操的使命發源地，身為台灣人的基督徒要珍惜這個位份。

我也很珍惜上帝的揀選。早年在幼教界發展，我沒有受過師專教育，但很自然在一群人當中就變成領導者，我不曾刻意去爭取。為什麼會有這樣的安排呢？我想就是上帝要使用我，所以給我機會。

像在讚美操裡面，很多人都很厲害，有讀碩士的、有讀博士的，我沒有顯赫的學歷，但上帝給我很多的靈感和創造力。也因為看到上帝給我特別的恩賜，且引領我走一條特別的路，面對生命中的每一位貴人，我都認為是上帝給我的機會，面對每一個困難也都靠主得勝！

現在想起來都會覺得很不可思議，讚美操二十多年來遇到那麼多的困難，蒙神恩典，竟然也都一一走過來了。

我常常很感恩，如果過去沒有做讚美操，沒有生育孩子的我，在先生過世後可能就變成孤單老人，不會像現在每天都有人來探視我，或是陪我吃飯聊天。先前去新竹讚美操據點走訪，大家也都對我很熱情、很愛我，所以有時我也會反思：人生是要賺多一點錢比較好呢？還是擁有這麼多好朋友比較珍貴？我知道很多人都刻意要賺大錢，我卻一心只想要平安，以及擁有最愛的家人和朋友在身邊。

平均來說，跳讚美操的大多是六十幾歲的退休族群，這當中有越來越多人喜歡喚我為「讚美操媽媽」，因為他們說來上我的課，感覺自己像個小孩，不知不覺間，我就擁有了一群來自世界各地的孩子。馬來西亞的吳師母，之前還特地飛來台灣陪我生活一段時間，如同在陪伴自己的老媽媽一樣，看看神的預備多奇妙！

走過近九十個生命年頭，有時靜靜看著眼前的生活，都會不禁想著，現在怎麼這麼好命：不愁吃、不愁穿、不愁住，身旁還有那麼多我愛的和愛我的人；一位神學院同學的先生正要寫博士論文，還打算以我的生命故事作為論文的研究主題。

但如果要我對所謂的「人生」做一個整體性的描述，我會說，人的一生苦難比快樂多，基督徒也不是信耶穌之後就一帆風順，照樣要面臨很多的人生苦難，所以需要依靠上帝才能通過苦難的考驗。

對現在的我來說，最切身的苦難就是Seiichi走了之後，漸漸失去品嚐生活的樂趣，但靠著抓住主、抓住使命的意義，我還是勉勵自己接下來能走多遠就做多少。

我明年（二〇二五年）九十歲，還要辦第十集的發表會，有時身心疲累也會在心裡說「上帝啊，祢怎麼讓我做到這麼多歲⋯⋯」，現在拿拐杖看起來還是站得直挺挺的，但腿部的舊傷復發，跳起讚美操真的比較辛苦了！

在此同時，我又覺得很感恩，九十歲了還有那麼多人需要我教導，也需要我給予他們安慰、鼓勵，用生命來影響生命。看到這些長年跟著我跳讚美操的學生，在生命得造就後又能去鼓勵別人，我就覺得很值得。

第五集有一首「數算自己的日子」，那是我在美國有感而發寫下的歌曲，用來期許自己要成為年輕人的標竿。

歌本中也有提到，我們常以為人生很長、時間很多，以至於白白虛度光陰，也白佔了這塊土地的資源，所以那時候就希望藉由這首歌，勉勵大家懂得數算自己的日子，多為神做有意義的事情。

這次透過本書的出版，我希望用生命故事鼓勵時下年輕人的是，人生難免會有很多的挫折和創傷，千萬不要因為這樣就放棄自己。

我在前文中提到，三十幾歲就讀台灣神學院時，我曾因為擔心無法畢業，一度萌生尋短念頭。如今回頭看，年輕時眼中的那座苦難山，其實不過是一座丘，只要持續依靠神，人生就沒有過不去的坎。唯有不要放棄，繼續把路走下去，才有機會看見最美的生命風景。

如同台神時期的我哪想得到，有一天會因為做讚美操而獲頒「台神榮譽校友」；前段時間，一位在美國牧會四十年的台神同學，他來總會拜訪我，非常驚訝我做的這些事情

（指讚美操事工），也說很以我為榮。

其次，就是要懂得化悲憤為力量。不管是童年時被老師明令不准上台表演，還是後來推廣讚美操屢吃閉門羹，每當我感到自己被拒絕的時候，內心就會有一種自己是小人物的感覺，彷彿永遠不會被看見⋯⋯但也因著那股不想被看扁的志氣，我對於神國使命的達成，意志比誰都還堅定 —— 我想這也是讚美操能跳出一片天的原因。

另外，對於正要步入「第三人生」的熟齡者，我的勉勵則是要學習「接納」。人生走到這個年歲，既具備豐富歷練，也不再那麼年輕氣盛，所以要學習當個討人喜悅的長者，年輕一輩才會想要親近我們，並且接棒傳承。

曾經有一位牧師為我禱告，說讚美操是上帝預設的一角（屋子的一角），當時我聽了很感動，但也很擔心，不知道自己負責的這角有多大角？但自從成立基金會之後，我已經能慢慢看出雛形，知道上帝正在持續擴張讚美操的事工。

我將畢生努力的資產都奉獻給基金會，從人性和安全感的角度來說，難免有過一些心理拉扯，但從事工永續的角度來說，我反而感到輕省，因為神已經預備團隊來無縫接軌。

回顧讚美操這二十多年來，歷經了協會改組、核心同工另立門戶、總部搬遷、核心老師的誤解離開，乃至於近年的基金會成立，這五次的重大蛻變，雖然都有一些內心爭戰的過程，但終歸都是對讚美操事工的發展有益。

我相信在神的永續帶領之下，讚美操未來不僅是全民運動，更是鋪天蓋地的全球運動。我們只要謙卑地等候神！

我的心哪，你當默默無聲，專等候神，因為我的盼望是從他而來。惟獨他是我的磐石，我的拯救；他是我的高臺，我必不動搖。我的拯救、我的榮耀都在乎神；我力量的磐石、我的避難所都在乎神。（《詩篇》62篇5-7節）

【點播三之8】等候神

【點播五之4】數算自己的日子

點播三之 8　點播五之 4

國家圖書館出版品預行編目資料

讚美操，讓愛飛揚/吳美雲口述；魏棻卿撰述. -- 初版. -- 臺北市：啟示出版：英屬蓋曼群島商家庭傳媒股份有限公司城邦分公司發行, 2024.10
面；　公分. -- (智慧書系列 ; 31)

ISBN 978-626-7257-64-7 (平裝)

1.CST: 基督徒 2.CST: 體操 3.CST: 靈修

244.9　　113016074

線上版讀者回函卡

智慧書系列031

讚美操，讓愛飛揚

作　　者／吳美雲（口述）
撰　　述／魏棻卿
授　權　人／財團法人新北市讚美操文化藝術基金會
企畫選書人／彭之琬
總　編　輯／彭之琬

版　　權／吳亭儀、江欣瑜
行銷業務／周佑潔、周佳葳、林詩富、吳藝佳
總　經　理／彭之琬
事業群總經理／黃淑貞
發　行　人／何飛鵬
法律顧問／元禾法律事務所王子文律師
出　　版／啟示出版
台北市南港區昆陽街 16 號 4 樓
電話：(02) 25007008　傳真：(02)25007759
E-mail:bwp.service@cite.com.tw
發　　行／英屬蓋曼群島商家庭傳媒股份有限公司城邦分公司
台北市南港區昆陽街 16 號 8 樓
書虫客服服務專線：02-25007718；25007719
服務時間：週一至週五上午09:30-12:00；下午13:30-17:00
24小時傳真專線：02-25001990；25001991
劃撥帳號：19863813；戶名：書虫股份有限公司
讀者服務信箱：service@readingclub.com.tw
城邦讀書花園：www.cite.com.tw
香港發行所／城邦（香港）出版集團有限公司
香港九龍土瓜灣土瓜灣道86號順聯工業大廈6樓A室
電話：(852)25086231　傳真：(852)25789337　E-MAIL：hkcite@biznetvigator.com
馬新發行所／城邦（馬新）出版集團【Cite (M) Sdn Bhd】
41, Jalan Radin Anum, Bandar Baru Sri Petaling, 57000 Kuala Lumpur, Malaysia.
電話：(603) 90578822　傳真：(603) 90576622
Email: cite@cite.com.my

封面設計／沈佳德
排　　版／芯澤有限公司
印　　刷／韋懋實業有限公司

■2024 年 10 月 31 日初版

Printed in Taiwan

定價420元

城邦讀書花園
www.cite.com.tw

 ISBN 978-626-7257-64-7

啟示 Apocalypse Press 出版

廣　告　回　函
北區郵政管理登記證
北臺字第000791號
郵資已付，免貼郵票

115　台北市南港區昆陽街16號4樓

英屬蓋曼群島商家庭傳媒股份有限公司城邦分公司　收

請沿虛線對摺，謝謝！

啟示 Apocalypse Press 出版

書號：1MD031　　書名：讚美操，讓愛飛揚

請於此處用膠水黏貼

啟示 Apocalypse Press 出版

讀者回函卡

感謝您購買我們出版的書籍！請費心填寫此回函卡，我們將不定期寄上城邦集團最新的出版訊息。

姓名：＿＿＿＿＿＿＿＿＿＿＿＿＿＿＿＿ 性別：☐男 ☐女

生日：西元＿＿＿＿＿＿年＿＿＿＿＿＿月＿＿＿＿＿＿日

地址：＿＿＿＿＿＿＿＿＿＿＿＿＿＿＿＿＿＿＿＿＿＿＿＿

聯絡電話：＿＿＿＿＿＿＿＿＿＿＿＿ 傳真：＿＿＿＿＿＿＿＿＿

E-mail ：

學歷：☐ 1. 小學 ☐ 2. 國中 ☐ 3. 高中 ☐ 4. 大學 ☐ 5. 研究所以上

職業：☐ 1. 學生 ☐ 2. 軍公教 ☐ 3. 服務 ☐ 4. 金融 ☐ 5. 製造 ☐ 6. 資訊

☐ 7. 傳播 ☐ 8. 自由業 ☐ 9. 農漁牧 ☐ 10. 家管 ☐ 11. 退休

☐ 12. 其他＿＿＿＿＿＿＿＿＿＿＿＿＿＿＿＿＿＿＿＿

您從何種方式得知本書消息？

☐ 1. 書店 ☐ 2. 網路 ☐ 3. 報紙 ☐ 4. 雜誌 ☐ 5. 廣播 ☐ 6. 電視

☐ 7. 親友推薦 ☐ 8. 其他＿＿＿＿＿＿＿＿＿＿＿＿＿＿＿

您通常以何種方式購書？

☐ 1. 書店 ☐ 2. 網路 ☐ 3. 傳真訂購 ☐ 4. 郵局劃撥 ☐ 5. 其他＿＿＿

您喜歡閱讀那些類別的書籍？

☐ 1. 財經商業 ☐ 2. 自然科學 ☐ 3. 歷史 ☐ 4. 法律 ☐ 5. 文學

☐ 6. 休閒旅遊 ☐ 7. 小說 ☐ 8. 人物傳記 ☐ 9. 生活、勵志 ☐ 10. 其他

對我們的建議：＿＿＿＿＿＿＿＿＿＿＿＿＿＿＿＿＿＿＿＿

＿＿＿＿＿＿＿＿＿＿＿＿＿＿＿＿＿＿＿＿

＿＿＿＿＿＿＿＿＿＿＿＿＿＿＿＿＿＿＿＿

【為提供訂購、行銷、客戶管理或其他合於營業登記項目或章程所定業務之目的，城邦出版人集團（即英屬蓋曼群島商家庭傳媒（股）公司城邦分公司、城邦文化事業（股）公司），於本集團之營運期間及地區內，將以電郵、傳真、電話、簡訊、郵寄或其他公告方式利用您提供之資料（資料類別：C001、C002、C003、C011 等）。利用對象除本集團外，亦可能包括相關服務的協力機構。如您有依個資法第三條或其他需服務之處，得致電本公司客服中心電話 02-25007718 請求協助。相關資料如為非必要項目，不提供亦不影響您的權益。】

1.C001 辨識個人者：如消費者之姓名、地址、電話、電子郵件等資訊。
2.C002 辨識財務者：如信用卡或轉帳帳戶資訊。
3.C003 政府資料中之辨識者：如身分證字號或護照號碼（外國人）。
4.C011 個人描述：如性別、國籍、出生年月日。

請於此處用膠水黏貼